Deutsches
Kinderhilfswerk

D1719132

Über das Deutsche Kinderhilfswerk

Das Deutsche Kinderhilfswerk ist ein Verein, der sich seit über 45 Jahren für die Rechte von Kindern in Deutschland einsetzt. Wir arbeiten dafür, dass alle Kinder in Deutschland gleiche Chancen haben. Wichtig ist für uns auch, dass die Meinung von Kindern und Jugendlichen berücksichtigt wird und dass alle Kinder in Deutschland ihre Rechte kennen: die Kinderrechte. Um das alles zu erreichen, geben wir Geld an viele tolle Projekte in ganz Deutschland, die mit Kindern arbeiten. Wir sprechen auch mit Politikerinnen und Politikern, was sie anders machen müssen, damit es den Kindern in Deutschland besser geht. Und wir arbeiten mit vielen anderen gemeinsam für die Kinderrechte in Deutschland: mit Schulen und Kindergärten oder mit Kinder- und Jugendparlamenten. Das alles kostet Geld. Zum Glück gibt es viele Menschen in Deutschland, die uns mit Spenden unterstützen.

Ein großer Dank gilt den Schülerinnen und Schülern und Lehrkräften der Grundschule am Jakobsweg in Ockenheim, die das Buch Probe gelesen haben. Sie haben den Autorinnen wichtige Hinweise gegeben, damit das Buch auch wirklich für Kinder verständlich ist.

Impressum

Herausgeber
Deutsches Kinderhilfswerk e.V.
Leipziger Straße 116–118
10117 Berlin
Fon: +49 30 308693-0
Fax: +49 30 308693-93
E-Mail: dkhw@dkhw.de
www.dkhw.de

Autorinnen: Elisa Bönisch, Lisa Fischer, Stefanie Gollmer, Sarah Matzke, Luise Meergans, Sophie Pohle, Berit Schwetzke
Redaktion: Luise Meergans
Korrektorat: Torsten Lasse, Dr. Christiane Wirth
Illustrationen: Veronika Gruhl
Layout: Berliner Süden, Jens Draser-Schieb
Druck: Umweltdruck Berlin GmbH

Dieses Buch ist auf Recyclingpapier gedruckt. Denn Kinder haben ein Recht auf eine gesunde Umwelt.

ISBN: 978-3-922427-46-9
© 2021 Deutsches Kinderhilfswerk e.V.

Die Kinderrechte

Die Kinderrechte der Vereinten Nationen im Wortlaut
und so umgeschrieben, dass Kinder sie verstehen können

Inhaltsverzeichnis

Vorwort – Alle Kinder haben Rechte   6

Legende – so liest du das Buch   8

Teil I – Artikel 1 bis 41   13
    Kinderrechte für alle!   13
    Alle Kinder haben die gleichen Rechte   13
    Wohl des Kindes   15
    Wie Kinderrechte durchgesetzt werden   16
    Die Rechte der Eltern   17
    Recht auf Leben   18
    Recht auf einen Namen   18
    Recht auf Identität   19
    Trennung von den Eltern   20
    Recht auf Familienzusammenführung   22
    Entführung von Kindern ins Ausland   23
    Recht auf Beteiligung   24
    Recht auf Meinungs- und Informationsfreiheit   25
    Recht auf Gedankenfreiheit und Religionsfreiheit   27
    Recht auf Versammlungsfreiheit   28
    Recht auf Privatsphäre   29
    Rechte und Schutz in den Medien für Kinder   30
    Verantwortung für die Kinder   33
    Recht auf ein Leben ohne Gewalt   34
    Von der Familie getrennt leben   35
    Wenn ein Kind adoptiert wird   36
    Schutz von geflüchteten Kindern   37
    Kinder mit Behinderung   39
    Recht auf Gesundheit   41
    Recht auf Überprüfung der Unterbringung   43
    Unterstützung vom Land   44
    Recht, gut leben zu können   45
    Recht auf Bildung   46
    Das Ziel von Bildung   48
    Recht auf Schutz als Minderheit   50

Recht auf Spiel, Freizeit und Erholung   51
Schutz vor Ausbeutung und Kinderarbeit   52
Schutz vor Drogen   54
Schutz vor Missbrauch   54
Schutz vor Entführung und Kinderhandel   56
Recht auf Schutz vor jeder Ausbeutung   57
Schutz vor grausamer Behandlung und ungerechter Strafe   57
Schutz von Kindern im Krieg   59
Recht auf Hilfe   60
Rechte von Kindern vor Gericht   61
Schutz der vorhandenen Kinderrechte   63

Teil II – Artikel 42 bis 45   **64**
Die Kinderrechte bekannt machen   64
Einsatz einer Arbeitsgruppe für Kinderrechte   65
Bericht über die Umsetzung der Kinderrechte   67
Die Arbeit der Vereinten Nationen   69

Teil III – Artikel 46 bis 54   **71**
Unterzeichnung   71
Unterschriften   71
Mitmachen   72
Inkafttreten   73
Änderungen der Kinderrechte   73
Vorbehalte   75
Kündigung   76
Aufbewahrung der Kinderrechte   76
Originaltext der Kinderrechte   77

Was macht man bei Verletzungen von Kinderrechten?   **78**

Vorwort – Alle Kinder haben Rechte

Alle Menschen haben Rechte. Jedes Land auf der Welt hat seine eigenen Gesetze, in denen Rechte und Regeln aufgeschrieben sind. In Deutschland ist das oberste Gesetz das Grundgesetz. Hier stehen die Grundrechte drin, die für alle Menschen in Deutschland gelten. Außerdem gibt es noch die Menschenrechte. Die gelten für alle Menschen jeden Alters auf der ganzen Welt, in jedem Land – auch in Deutschland. Und dann gibt es noch die Kinderrechte. Die gelten nur für Kinder. Für alle Kinder.

Warum brauchen Kinder eigene Rechte?

Kinder brauchen eigene Rechte. Sie brauchen mehr Rechte als Erwachsene. Denn Kinder wachsen und entwickeln sich noch. Deshalb brauchen sie besonderen Schutz und besondere Förderung. In unserer Welt wird sehr viel von Erwachsenen bestimmt. Darum muss besonders darauf geachtet werden, dass auch die Meinungen und Interessen von Kindern gehört werden. Manchmal brauchen Kinder die Unterstützung von Erwachsenen, damit sie zu ihrem Recht kommen. Aus diesem Grund haben die Länder dieser Welt – die Vereinten Nationen – vor vielen Jahren die Kinderrechte aufgeschrieben. Das war im Jahr 1989 – das ist also schon über 30 Jahre her!

Seitdem hat sich die Situation für ganz viele Kinder auf der Welt schon verbessert. Aber: Die Kinderrechte werden noch lange nicht immer und überall richtig umgesetzt. Das liegt auch daran, dass viele Menschen die Kinderrechte noch gar nicht kennen. Selbst ganz viele Kinder wissen nicht, dass es Kinderrechte gibt! Wusstest du zum Beispiel, dass du ein Recht auf Ausruhen hast? Oder ein Recht darauf, überall da mitzureden, wo es um dich geht?

Kinder müssen ihre Rechte kennen!

Wir glauben, dass es sehr wichtig ist, dass alle Kinder ihre Rechte kennen. Denn nur, wer seine Rechte kennt, kann diese auch einfordern! Mit diesem Buch wollen wir Kindern helfen, ihre Rechte zu kennen und zu verstehen. Denn manchmal sind Gesetzestexte sehr schwierig zu lesen. Selbst Erwachsene verstehen nicht immer, was da eigentlich gemeint ist.

Darum findest du in diesem Buch immer den Originaltext der Kinderrechte, und danach eine einfache Form des Rechtes. Manche Rechte sind besonders schwierig zu verstehen. Die haben wir dir in einem Kasten nochmal genauer erklärt.

Ganz hinten im Buch gibt es außerdem ein paar Tipps, was man eigentlich machen kann, wenn die Kinderrechte verletzt werden.

Über die Kinderrechte

„Übereinkommen über die Rechte des Kindes" – das ist der Originaltitel der Kinderrechte der Vereinten Nationen. „Kinderrechte" kann man aber auch sagen, oder auch „Kinderrechtskonvention". Eine Konvention ist eine Art Vertrag, eine Zusammenstellung von Regeln, die viele Menschen miteinander vereinbart haben. Und genau das sind die Kinderrechte: Sie sind ein Vertrag, den 196 Länder gemeinsam geschlossen haben. Das sind fast alle Länder auf der ganzen Welt, bis auf die USA.

Die Kinderrechte sind die einzigen Rechte, die nur für Kinder gemacht sind. Sie gelten für alle Menschen auf der ganzen Welt, die jünger als 18 Jahre sind. Und: Es gelten immer alle Rechte. Niemand darf sagen: Ich halte mich nur an ein paar Rechte, die anderen sind mir egal.

Worum geht es in den Kinderrechten?

Die Kinderrechte bestehen aus insgesamt 54 Artikeln. Jeder Artikel handelt von einem bestimmten Thema. In Teil I (Artikel 1 bis 41) steht drin, welche Rechte Kinder haben. In Teil II (Artikel 42 bis 45) kann man nachlesen, wie die Länder gemeinsam dafür sorgen wollen, dass die Kinderrechte auch überall eingehalten werden. Und in Teil III (Artikel 46 bis 54) stehen nochmal ein paar Regeln zum Vertrag.

Die Kinderrechte lassen sich in drei Gruppen einteilen:

1. Rechte, die Kinder fördern sollen,
2. Rechte, die Kinder schützen sollen und
3. Rechte, die Kinder beteiligen sollen.

Die Kinderrechte in Deutschland

Die Kinderrechte wurden am 20. November 1989 von den Vereinten Nationen verabschiedet. Auch Deutschland hat unterschrieben und seit dem 5. April 1992 gelten die Kinderrechte auch hier – sie sind also bei uns geltendes Recht. Allerdings werden nicht immer alle Kinderrechte eingehalten.

In Deutschland haben wir zum Beispiel wirklich sehr viele Kinder, die in Armut aufwachsen. Viel zu oft vergessen Erwachsene, Kinder nach ihrer Meinung zu fragen. Es gibt zu wenige Spielplätze und zu viele Straßen und Autos, die gefährlich für Kinder sein können.

Und: Es gibt viel zu viele Kinder in Deutschland, die gar nicht wissen, dass es die Kinderrechte gibt. Deutschland muss hier also noch an vielen Stellen besser werden.

Legende –
so liest du das Buch

Die große blaue Schrift ist der Text, den wir für Kinder geschrieben haben.

Die kleine graue Schrift ist der originale Text, der ist ganz schön kompliziert, aber du kannst mal versuchen, ob du ihn auch verstehst!

An den Stellen, wo du dieses Symbol findest, kannst du zu einigen Rechten noch genauer nachlesen. Hier haben wir schwierige Wörter nochmal erklärt oder Beispiele, die du vielleicht sogar aus deinem Leben kennst, aufgeschrieben.

Die Kinderrechte

Umgeschrieben für Kinder

Übereinkommen über
die Rechte des Kindes
vom 20. November

Wortlaut der amt-
lichen Übersetzung

Einleitung

Präambel

Die Länder dieser Welt, die Vereinten Nationen, sind sich einig, dass jeder Mensch eine eigene Würde hat, also wertvoll ist, und die gleichen Rechte hat. Das ist das Wichtigste dafür, dass alle Menschen auf der Welt in Freiheit, Gerechtigkeit und Frieden zusammen leben können. Die Länder dieser Welt wollen zeigen, dass die Grundrechte der Menschen und deren Würde wirklich wichtig sind. Sie wollen gemeinsam dafür sorgen, dass die Welt sich gut und gerecht weiterentwickelt und die

Die Vertragsstaaten dieses Übereinkommens –

in der Erwägung, dass nach den in der Charta der Vereinten Nationen verkündeten Grundsätzen die Anerkennung der allen Mitgliedern der menschlichen Gesellschaft innewohnenden Würde und der Gleichheit und Unveräußerlichkeit ihrer Rechte die Grundlage von Freiheit, Gerechtigkeit und Frieden in der Welt bildet,

eingedenk dessen, dass die Völker der Vereinten Nationen in der Charta ihren Glauben an die Grundrechte und an Würde und Wert des Menschen bekräftigt und beschlossen haben, den sozialen Fortschritt und bessere Lebensbedingungen in größerer Freiheit zu fördern,

in der Erkenntnis, dass die Vereinten Nationen in der Allgemeinen Erklärung der Menschenrechte und in den Internationalen Menschenrechtspakten verkündet haben und übereingekommen sind, dass jeder Mensch Anspruch hat auf alle darin verkündeten Rechte und Freiheiten ohne Unterscheidung, etwa nach der Rasse, der Hautfarbe, dem Geschlecht, der Sprache, der Religion, der politischen oder sonstigen Anschauung, der nationalen oder sozialen Herkunft, dem Vermögen, der Geburt oder dem sonstigen Status,

unter Hinweis darauf, dass die Vereinten Nationen in der Allgemeinen Erklärung der Menschenrechte verkündet haben, dass Kinder Anspruch auf besondere Fürsorge und Unterstützung haben,

überzeugt, dass der Familie als Grundeinheit der Gesellschaft und natürlicher Umgebung für das Wachsen und Gedeihen aller ihrer Mitglieder, insbesondere der Kinder, der erforderliche Schutz und Beistand gewährt werden sollte, damit sie ihre Aufgaben innerhalb der Gemeinschaft voll erfüllen kann,

in der Erkenntnis, dass das Kind zur vollen und harmonischen Entfaltung seiner Persönlichkeit in einer Familie und umgeben von Glück, Liebe und Verständnis aufwachsen sollte,

in der Erwägung, dass das Kind umfassend auf ein individuelles Leben in der Gesellschaft vorbereitet und im Geist der in der Charta der Vereinten Nationen verkündeten Ideale und insbesondere im Geist des Friedens, der Würde, der Toleranz, der Freiheit, der Gleichheit und der Solidarität erzogen werden sollte,

Menschen bessere Lebensbedingungen und mehr Freiheit haben.

Die Länder dieser Welt haben die Allgemeine Erklärung der Menschenrechte zusammen geschrieben. Da steht drin, dass jeder Mensch die gleichen Rechte und die gleiche Freiheit hat, egal, welches Aussehen, welche Hautfarbe, welches Geschlecht, welche Religion oder (politische) Meinung die Person hat oder welche Sprache sie spricht.

In den Menschenrechten steht auch drin, dass Kinder einen besonderen Anspruch auf Schutz und Unterstützung haben. Und dass die Familie sehr wichtig für Kinder ist und deshalb auch geschützt werden muss. Die Länder dieser Welt finden, dass ein Kind am besten in einer Familie aufwachsen sollte, wo es ganz viel Glück und Liebe und Verständnis bekommt. Ein Kind sollte so gefördert werden, dass es seine eigene Persönlichkeit gut entwickeln kann. Außerdem muss darauf geachtet werden, dass die Kinderrechte eingehalten werden und ganz besonders Frieden, Würde, Freiheit, Toleranz und die Gemeinschaft eine große Rolle bei der Erziehung spielen.

Die Länder dieser Welt finden den Schutz der Kinder ganz besonders wichtig. Deshalb gibt es schon sehr viele Vereinbarungen dazu, die weltweit gelten, z. B. die Menschenrechte aus dem Jahr 1948, die Genfer Erklärung aus dem Jahr 1924 und viele andere. Besonders Babys brauchen sehr viel Schutz.

Die Länder der Welt weisen darauf hin, dass es schon viele Regeln zum Schutz von Kindern gibt, die in Pflegefamilien leben oder adoptiert wurden. Sie sagen auch, dass Kinder, die mit Gerichten zu tun haben, und Kinder in schwierigen Situationen, z. B. im Krieg, besonders geschützt werden müssen. Überall auf der Welt gibt es Kinder, die unter schweren Bedingungen aufwachsen. Vor allem diese Kinder brauchen besonderen Schutz.

eingedenk dessen, dass die Notwendigkeit, dem Kind besonderen Schutz zu gewähren, in der Genfer Erklärung von 1924 über die Rechte des Kindes und in der von der Generalversammlung am 20. November 1969 angenommenen Erklärung der Rechte des Kindes ausgesprochen und in der Allgemeinen Erklärung der Menschenrechte, im Internationalen Pakt über bürgerliche und politische Rechte (insbesondere in den Artikeln 23 und 24), im Internationalen Pakt über wirtschaftliche, soziale und kulturelle Rechte (insbesondere in Artikel 10) sowie in den Satzungen und den in Betracht kommenden Dokumenten der Sonderorganisationen und anderen internationalen Organisationen, die sich mit dem Wohl des Kindes befassen, anerkannt worden ist,

eingedenk dessen, dass, wie in der Erklärung der Rechte des Kindes ausgeführt ist, das Kind wegen seiner mangelnden körperlichen und geistigen Reife besonderen Schutzes und besonderer Fürsorge, insbesondere eines angemessenen rechtlichen Schutzes vor und nach der Geburt, bedarf,

unter Hinweis auf die Bestimmungen der Erklärung über die sozialen und rechtlichen Grundsätze für den Schutz und das Wohl von Kindern unter besonderer Berücksichtigung der Aufnahme in eine Pflegefamilie und der Adoption auf nationaler und internationaler Ebene, der Regeln der Vereinten Nationen über die Mindestnormen für die Jugendgerichtsbarkeit (Beijing-Regeln) und der Erklärung über den Schutz von Frauen und Kindern im Ausnahmezustand und bei bewaffneten Konflikten, in der Erkenntnis, dass es in allen Ländern der Welt Kinder gibt, die in außerordentlich schwierigen Verhältnissen leben, und dass diese Kinder der besonderen Berücksichtigung bedürfen,

unter gebührender Beachtung der Bedeutung der Traditionen und kulturellen Werte jedes Volkes für den Schutz und die harmonische Entwicklung des Kindes,

in Anerkennung der Bedeutung der internationalen Zusammenarbeit für die Verbesserung der Lebensbedingungen der Kinder in allen Ländern, insbesondere den Entwicklungsländern

– haben folgendes vereinbart:

Sehr wichtig ist es auch, dass darauf geachtet wird, dass jedes Volk auf der Welt seine eigenen Traditionen und seine eigene Kultur hat. Diese Traditionen und die Kultur sind für Kinder und ihre Entwicklung sehr wichtig.

Die Länder der Welt wollen die Lebensbedingungen für alle Kinder auf der Welt verbessern. Besonders wollen sie das Leben für die Kinder in den armen Ländern verbessern. Dafür ist es wichtig, dass alle Länder zusammenarbeiten.

Außerdem haben sie gemeinsam die Kinderrechte entwickelt, die hier zu lesen sind:

Teil I – Artikel 1 bis 41

Artikel 1

Kinderrechte für alle!

Geltung für das Kind; Begriffsbestimmung

Die Kinderrechte gelten für alle Menschen unter 18 Jahren.

Im Sinne dieses Übereinkommens ist ein Kind jeder Mensch, der das achtzehnte Lebensjahr noch nicht vollendet hat, soweit die Volljährigkeit nach dem auf das Kind anzuwendenden Recht nicht früher eintritt.

Artikel 2

Alle Kinder haben die gleichen Rechte

Achtung der Kindesrechte; Diskriminierungsverbot

Die Kinderrechte gelten für jedes Kind, ganz egal aus welchem Land

(1) Die Vertragsstaaten achten die in diesem Übereinkommen festgelegten Rechte und ge-

währleisten sie jedem ihrer Hoheitsgewalt unterstehenden Kind ohne jede Diskriminierung unabhängig von der Rasse, der Hautfarbe, dem Geschlecht, der Sprache, der Religion, der politischen oder sonstigen Anschauung, der nationalen, ethnischen oder sozialen Herkunft, des Vermögens, einer Behinderung, der Geburt oder des sonstigen Status des Kindes, seiner Eltern oder seines Vormunds.

(2) Die Vertragsstaaten treffen alle geeigneten Maßnahmen, um sicherzustellen, dass das Kind vor allen Formen der Diskriminierung oder Bestrafung wegen des Status, der Tätigkeiten, der Meinungsäußerungen oder der Weltanschauung seiner Eltern, seines Vormunds oder seiner Familienangehörigen geschützt wird.

es kommt, in welchem Land es lebt, welche Hautfarbe es hat, welches Geschlecht es hat, welche Sprache es spricht, welcher Religion es angehört, ob es eine Behinderung hat, ob es arm oder reich ist oder wer seine Eltern sind und was sie machen.

Vielleicht hast du in deinem Freundeskreis oder in deiner Klasse Kinder, die aus einem anderen Land kommen, die zu Hause eine andere Sprache sprechen und vielleicht einer anderen Religion angehören. Vielleicht wurden auch deine Eltern nicht in Deutschland geboren. Vielleicht kennst du ein anderes Kind, das nicht so gut sehen oder hören kann. Vielleicht kannst du auch nicht so laufen oder sprechen wie viele andere Kinder. Und mit Sicherheit hast du Mädchen und Jungen in deinem Freundeskreis. Manche Kinder aus deiner Klasse haben vielleicht mehr oder auch weniger Geld als du. Und dennoch habt ihr alle eines gemeinsam: Ihr seid alle einzigartig und habt alle die gleichen Rechte, die Kinderrechte.

Artikel 3

Wohl des Kindes

Wohl des Kindes

Die Länder dieser Welt müssen alles dafür tun, dass bei allen Entscheidungen, die Kinder betreffen, zuerst daran gedacht wird, dass es dem Kind immer so gut wie möglich geht.

Es gibt viele Entscheidungen, die Erwachsene treffen müssen, die das Leben von Kindern beeinflussen können. Wenn ein neuer Spielplatz gebaut wird, wenn die Familie umzieht, wenn ein Kind auf eine neue Schule kommt, wenn sich die Eltern trennen oder wenn ein Kind vielleicht nicht gesund ist. Erwachsene müssen dann Entscheidungen gemeinsam mit den Kindern treffen. Dabei sind die Erwachsenen verpflichtet, immer das Wohlergehen der Kinder zu beachten. Sie müssen darauf aufpassen, dass es dem Kind am Ende gut geht. Sie müssen auch darauf achten, dass Kinder an der Entscheidung beteiligt werden. Denn ihre Meinung ist wichtig, das steht auch in Artikel 12. Für das Wohl der Kinder ist es aber natürlich genauso wichtig, dass sie vor Gewalt oder gefährlichen Situationen immer geschützt werden.

(1) Bei allen Maßnahmen, die Kinder betreffen, gleichviel ob sie von öffentlichen oder privaten Einrichtungen der sozialen Fürsorge, Gerichten, Verwaltungsbehörden oder Gesetzgebungsorganen getroffen werden, ist das Wohl des Kindes ein Gesichtspunkt, der vorrangig zu berücksichtigen ist.

(2) Die Vertragsstaaten verpflichten sich, dem Kind unter Berücksichtigung der Rechte und Pflichten seiner Eltern, seines Vormunds oder anderer für das Kind gesetzlich verantwortlicher Personen den Schutz und die Fürsorge zu gewährleisten, die zu seinem Wohlergehen notwendig sind; zu diesem Zweck treffen sie alle geeigneten Gesetzgebungs- und Verwaltungsmaßnahmen.

(3) Die Vertragsstaaten stellen sicher, dass die für die Fürsorge für das Kind oder dessen Schutz verantwortlichen Institutionen, Dienste und Einrichtungen den von den zuständigen Behörden festgelegten Normen entsprechen, insbesondere im Bereich der Sicherheit und der Gesundheit sowie hinsichtlich der Zahl und der fachlichen Eignung des Personals und des Bestehens einer ausreichenden Aufsicht.

Artikel 4

Wie Kinderrechte durchgesetzt werden

Die Vertragsstaaten treffen alle geeigneten Gesetzgebungs-, Verwaltungs- und sonstigen Maßnahmen zur Verwirklichung der in diesem Übereinkommen anerkannten Rechte. Hinsichtlich der wirtschaftlichen, sozialen und kulturellen Rechte treffen die Vertragsstaaten derartige Maßnahmen unter Ausschöpfung ihrer verfügbaren Mittel und erforderlichenfalls im Rahmen der internationalen Zusammenarbeit.

Die Länder müssen dafür sorgen, dass die Kinderrechte durchgesetzt werden. Die Politikerinnen und Politiker müssen in ihrem Land zum Beispiel Gesetze schaffen oder Vorschriften erstellen, um die Kinderrechte zu erfüllen.

Manche Kinder wachsen in Ländern auf, in denen ein Großteil der Bevölkerung wenig zu essen hat oder wo sogar Krieg herrscht. Wenn Länder Unterstützung bei der Erfüllung der Kinderrechte brauchen, können sie sich an andere Länder wenden.

Artikel 5

Die Rechte der Eltern

Die Eltern oder die Familie haben das Recht und auch die Pflicht, die Kinder dabei zu unterstützen, die Kinderrechte kennenzulernen und einfordern zu können. Das müssen die Länder achten.

Respektierung des Elternrechts

Die Vertragsstaaten achten die Aufgaben, Rechte und Pflichten der Eltern oder gegebenenfalls, soweit nach Ortsbrauch vorgesehen, der Mitglieder der weiteren Familie oder der Gemeinschaft, des Vormunds oder anderer für das Kind gesetzlich verantwortlicher Personen, das Kind bei der Ausübung der in diesem Übereinkommen anerkannten Rechte in einer seiner Entwicklung entsprechenden Weise angemessen zu leiten und zu führen.

Artikel 6

Recht auf Leben

Recht auf Leben

(1) Die Vertragsstaaten erkennen an, dass jedes Kind ein angeborenes Recht auf Leben hat.

(2) Die Vertragsstaaten gewährleisten in größtmöglichem Umfang das Überleben und die Entwicklung des Kindes.

Jedes Kind hat von Geburt an ein Recht darauf, zu leben. Alle Länder müssen sich darum kümmern, dass alle Kinder gut leben, aufwachsen und sich entwickeln können.

Artikel 7

Geburtsregister, Name, Staatsangehörigkeit

Recht auf einen Namen

(1) Das Kind ist unverzüglich nach seiner Geburt in ein Register einzutragen und hat das Recht auf einen Namen von Geburt an, das Recht, eine Staatsangehörigkeit zu erwerben, und soweit möglich das Recht, seine Eltern zu kennen und von ihnen betreut zu werden.

(2) Die Vertragsstaaten stellen die Verwirklichung dieser Rechte im Einklang mit ihrem

Alle Kinder haben von Geburt an das Recht auf einen eigenen Namen, auf eine Geburtsurkunde und darauf, dass sie zu einem Land gehören, eine Staatsangehörigkeit besitzen. Jedes Kind hat auch das Recht darauf, seine Eltern zu kennen und wenn möglich von ihnen betreut zu werden. Alle Länder müssen sich darum kümmern, dass alle Kinder richtig bei dem Land, zu dem sie gehören, angemeldet sind.

innerstaatlichen Recht und mit ihren Verpflichtungen aufgrund der einschlägigen internationalen Übereinkünfte in diesem Bereich sicher, insbesondere für den Fall, dass das Kind sonst staatenlos wäre.

Artikel 8

Recht auf Identität

Jedes Kind hat das Recht auf eine eigene Identität. Dazu gehört, dass das Kind eine Staatsangehörigkeit und einen Namen hat und dass seine Beziehung zu seiner Familie anerkannt wird. Die Identität oder auch Teile davon dürfen einem Kind nicht genommen werden. Sollte das doch passieren, müssen die Länder die Identität des Kindes so schnell wie möglich wieder herstellen. ·

(1) Die Vertragsstaaten verpflichten sich, das Recht des Kindes zu achten, seine Identität, einschließlich seiner Staatsangehörigkeit, seines Namens und seiner gesetzlich anerkannten Familienbeziehungen, ohne rechtswidrige Eingriffe zu behalten.

(2) Werden einem Kind widerrechtlich einige oder alle Bestandteile seiner Identität genommen, so gewähren die Vertragsstaaten ihm angemessenen Beistand und Schutz mit dem Ziel, seine Identität so schnell wie möglich wiederherzustellen.

Was ist eigentlich eine Identität? Jeder Mensch besitzt eine Identität, logisch, dass also auch jedes Kind eine hat. Als

Identität bezeichnet man die Gesamt-
heit an allen Eigenschaften und Merk-
malen, die eine Person hat. Dazu gehören zum Beispiel der Name der Person,
die Herkunft, die Familie oder eben auch
die Zugehörigkeit zu einem Land. Ein
Land ist das gleiche wie ein Staat, daher
spricht man von Staatsangehörigkeit.
Wichtig ist, dass keine Identität wie die
andere ist. Es gibt also so viele unter-
schiedliche Identitäten wie Menschen.
Dadurch werden Menschen einzigartig,
aber auch unterscheidbar. Und damit
das funktioniert, ist es wichtig, dass
jedes Kind das Recht auf seine eigene
Identität hat.

Artikel 9

Trennung von den
Eltern; persönlicher
Umgang

Trennung von den Eltern

(1) Die Vertragsstaaten stellen sicher, dass ein Kind nicht
gegen den Willen seiner Eltern von diesen getrennt wird,
es sei denn, dass die zuständigen Behörden in einer gericht-
lich nachprüfbaren Entscheidung
nach den anzuwendenden Rechtsvorschriften und Verfahren be-
stimmen, dass diese Trennung zum

Kinder dürfen nicht einfach von
ihren Eltern getrennt werden. Das
darf nur passieren, wenn das Kind
in Gefahr ist oder sich die Eltern
nicht genug um ihr Kind kümmern.

Das kann das Land in einem Gerichtsverfahren entscheiden.

Wenn sich die Eltern trennen und das Kind bei nur einem Elternteil lebt, hat es das Recht, mit dem anderen Elternteil regelmäßig Kontakt zu haben. Dies gilt, solange das Elternteil das Wohl des Kindes nicht gefährdet.

Kinder dürfen von den Eltern nicht einfach getrennt werden, und doch passiert das manchmal: Manchmal entscheidet ein Land, dass es für ein Kind besser ist, wenn es nicht bei den Eltern lebt. Das passiert meistens dann, wenn die Eltern sich nicht um das Kind kümmern können, weil sie zum Beispiel nicht gesund sind oder ihnen andere Dinge wichtiger sind als ihr Kind. Es kommt selten vor, dass es den Kindern vielleicht nicht gut zu Hause geht, sie geschlagen oder vernachlässigt werden. Dann kann ein Gericht das Kind von den Eltern trennen. Wenn ein Kind von seiner Familie getrennt wird, werden viele Gespräche geführt. Das Gericht wird sich erst mit dem Kind unterhalten, um die Gedanken und Meinungen des Kindes zu verstehen. Danach werden die Eltern und anderen Menschen, die das Kind gut kennen, befragt. Bei allen Gesprächen steht immer im Vordergrund, was das Kind möchte und dass es ihm gut geht. Gemeinsam

Wohl des Kindes notwendig ist. Eine solche Entscheidung kann im Einzelfall notwendig werden, wie etwa wenn das Kind durch die Eltern misshandelt oder vernachlässigt wird oder wenn bei getrennt lebenden Eltern eine Entscheidung über den Aufenthaltsort des Kindes zu treffen ist.

(2) In Verfahren nach Absatz 1 ist allen Beteiligten Gelegenheit zu geben, am Verfahren teilzunehmen und ihre Meinung zu äußern.

(3) Die Vertragsstaaten achten das Recht des Kindes, das von einem oder beiden Elternteilen getrennt ist, regelmäßige persönliche Beziehungen und unmittelbare Kontakte zu beiden Elternteilen zu pflegen, soweit dies nicht dem Wohl des Kindes widerspricht.

(4) Ist die Trennung Folge einer von einem Vertragsstaat eingeleiteten Maßnahme, wie etwa einer Freiheitsentziehung, Freiheitsstrafe, Landesverweisung oder Abschiebung oder des Todes eines oder beider Elternteile oder des Kindes (auch eines Todes, der aus irgendeinem Grund eintritt, während der Betreffende sich in staatlichem Gewahrsam befindet), so erteilt der Vertragsstaat auf Antrag den Eltern, dem Kind oder gegebenenfalls einem anderen Familienangehörigen die wesentlichen Auskünfte über den Verbleib des oder der abwesenden Familienangehörigen, sofern dies nicht dem Wohl des Kindes abträglich wäre. Die Vertragsstaaten stellen ferner sicher, dass allein die Stellung eines solchen Antrags keine nachteiligen Folgen für den oder die Betroffenen hat.

mit dem Gericht wird nach der besten Lösung für das Kind gesucht.

Auch wenn das Kind dann von seinen Eltern oder einem Elternteil getrennt wird, darf das Kind seine Eltern immer kontaktieren. Das Kind hat das Recht darauf zu erfahren, wie es seinen Eltern geht.

Artikel 10

Familienzusammen-
führung; grenzüber-
schreitende Kontakte

Recht auf Familienzusammenführung

(1) Entsprechend der Verpflichtung der Vertragsstaaten nach Artikel 9 Absatz 1 werden von einem Kind oder seinen Eltern zwecks Familienzusammenführung gestellte Anträge auf Einreise in einen Vertragsstaat oder Ausreise aus einem Vertragsstaat von den Vertragsstaaten wohlwollend, human und beschleunigt bearbeitet. Die Vertragsstaaten stellen ferner sicher, dass die Stellung eines solchen Antrags keine nachteiligen Folgen für die Antragsteller und deren Familienangehörige hat.

(2) Ein Kind, dessen Eltern ihren Aufenthalt in verschiedenen Staaten haben, hat das Recht, regelmäßige persönliche Beziehungen und unmittelbare Kon-

Wenn Eltern und das Kind in unterschiedlichen Ländern leben, aber lieber zusammen leben möchten, müssen die Länder dafür sorgen, dass das Umziehen von einem Land in ein anderes schnell und einfach geht. Damit wird auch das Recht in Artikel 9 umgesetzt.

Wenn die Eltern nicht zusammen in dem gleichen Land leben wollen, müssen die Länder dafür sorgen, dass das Kind aber beide Eltern in beiden Ländern regelmäßig besuchen kann. Die Länder dürfen also dem Kind nicht einfach verbieten, ein Land zu verlassen oder in ein anderes einzureisen, wenn es seine Eltern sehen möchte.

takte zu beiden Elternteilen zu pflegen, soweit nicht außergewöhnliche Umstände vorliegen. Zu diesem Zweck achten die Vertragsstaaten entsprechend ihrer Verpflichtung nach Artikel 9 Absatz 1 das Recht des Kindes und seiner Eltern, aus jedem Land einschließlich ihres eigenen auszureisen und in ihr eigenes Land einzureisen. Das Recht auf Ausreise aus einem Land unterliegt nur den gesetzlich vorgesehenen Beschränkungen, die zum Schutz der nationalen Sicherheit, der öffentlichen Ordnung (ordre public), der Volksgesundheit, der öffentlichen Sittlichkeit oder der Rechte und Freiheiten anderer notwendig und mit den anderen in diesem Übereinkommen anerkannten Rechten vereinbar sind.

Artikel 11

Entführung von Kindern ins Ausland

Rechtswidrige Verbringung von Kindern ins Ausland

Die Länder müssen alles tun, damit Kinder vor einer Entführung ins Ausland geschützt werden. Dafür müssen die Länder auf der ganzen Welt vor allem gut miteinander zusammenarbeiten.

(1) Die Vertragsstaaten treffen Maßnahmen, um das rechtswidrige Verbringen von Kindern ins Ausland und ihre rechtswidrige Nichtrückgabe zu bekämpfen.

(2) Zu diesem Zweck fördern die Vertragsstaaten den Abschluss zwei- oder mehrseitiger Übereinkünfte oder den Beitritt zu bestehenden Übereinkünften.

Artikel 12

Recht auf Beteiligung

Berücksichtigung des Kindeswillens

(1) Die Vertragsstaaten sichern dem Kind, das fähig ist, sich eine eigene Meinung zu bilden, das Recht zu, diese Meinung in allen das Kind berührenden Angelegenheiten frei zu äußern, und berücksichtigen die Meinung des Kindes angemessen und entsprechend seinem Alter und seiner Reife.

(2) Zu diesem Zweck wird dem Kind insbesondere Gelegenheit gegeben, in allen das Kind berührenden Gerichts- oder Verwaltungsverfahren entweder unmittelbar oder durch einen Vertreter oder eine geeignete Stelle im Einklang mit den innerstaatlichen Verfahrensvorschriften gehört zu werden.

Kinder haben das Recht, zu allen Dingen, die sie betreffen, ihre eigene Meinung zu sagen. Die Erwachsenen müssen die Meinung der Kinder berücksichtigen. Besonders, wenn ein Kind an einem Gerichtsverfahren beteiligt ist, hat es das Recht, dass seine Meinung berücksichtigt wird.

Was ist eigentlich Beteiligung? Beteiligung bedeutet so viel wie „mitmachen". Kurz gesagt haben Kinder also ein Recht darauf, mitzumachen. Und zwar überall dort, wo es auch um sie geht. Wenn zum Beispiel ein neuer Spielplatz gebaut wird, haben Kinder ein Recht, mitzumachen: Gemeinsam mit Erwachsenen können sie überlegen, wie der perfekte Spielplatz aussehen muss, damit er auch Spaß macht und cool ist. Aber auch in der Schule gibt es ganz viele Bereiche, in denen Kinder ein Recht darauf haben mitzumachen. Zum Beispiel mitzuentscheiden, wie die Klassenräume eingerichtet sind oder wenn es um das Mittagessen geht – hier sollten Kinder mit aussuchen dürfen. Schließlich sollen sie ja in den Räumen lernen und zu Mittag essen. Leider wissen viele Erwachsene nicht, dass Kinder ein Recht auf Mitmachen haben. Man muss es ihnen deshalb immer wieder sagen.

Artikel 13

Recht auf Meinungs- und Informationsfreiheit

Jedes Kind hat das Recht, sich über Themen zu informieren, für die es sich interessiert. Es darf sich eine eigene Meinung dazu bilden und diese auch frei sagen. Jedes Kind darf anderen mitteilen, was es denkt und fühlt, zum Beispiel durch Sprechen, Schreiben, Singen, Zeichnen oder auf andere Art. Es darf durch seine Meinungsäußerung jedoch keinen anderen Menschen kränken oder verletzen.

Meinungs- und Informationsfreiheit

(1) Das Kind hat das Recht auf freie Meinungsäußerung; dieses Recht schließt die Freiheit ein, ungeachtet der Staatsgrenzen Informationen und Gedankengut jeder Art in Wort, Schrift oder Druck, durch Kunstwerke oder andere vom Kind gewählte Mittel sich zu beschaffen, zu empfangen und weiterzugeben.

(2) Die Ausübung dieses Rechts kann bestimmten, gesetzlich vorgesehenen Einschränkungen unterworfen werden, die erforderlich sind

a) für die Achtung der Rechte oder des Rufes anderer oder

b) für den Schutz der nationalen Sicherheit, der öffentlichen Ordnung (ordre public), der Volksgesundheit oder der öffentlichen Sittlichkeit.

Vielleicht hast du schon mal was in den Nachrichten gehört, was für dich erstmal fremd oder unverständlich klang? Das geht vielen Kindern so. Denn die meisten solcher Berichte in Fernsehen, Radio, Zeitung oder Internet sind von Erwachsenen für Erwachsene gemacht. Damit auch Kinder gut darüber informiert sind, was in der Welt geschieht, gibt es sogenannte Kindermedien. Das sind besondere Sender, Zeitungen und Internetseiten, die extra für Kinder gemacht sind. Sie behandeln zum Beispiel Themen, die für Kinder besonders interessant sind. Und sie versuchen, komplizierte Dinge leicht zu erklären. Eine dieser Kinder-Internetseiten ist zum Beispiel: www.kindersache.de

Artikel 14

Recht auf Gedankenfreiheit und Religionsfreiheit

Gedanken-, Gewissens- und Religionsfreiheit

Jedes Kind hat das Recht, seine Gedanken und seine Ansichten frei zu sagen und auch seine Religion frei zu leben.

Jedes Kind hat das Recht, selbst darüber zu entscheiden, ob es einer Religion angehören möchte und welcher Religion es angehören möchte. Nur wenn das Kind durch seine Wahl andere Menschen einschränkt oder ihnen wehtut, darf das Land eingreifen.

Es ist Aufgabe der Eltern, ihr Kind bei all dem zu unterstützen und seine Meinung zu berücksichtigen.

(1) Die Vertragsstaaten achten das Recht des Kindes auf Gedanken-, Gewissens- und Religionsfreiheit.

(2) Die Vertragsstaaten achten die Rechte und Pflichten der Eltern und gegebenenfalls des Vormunds, das Kind bei der Ausübung dieses Rechts in einer seiner Entwicklung entsprechenden Weise zu leiten.

(3) Die Freiheit, seine Religion oder Weltanschauung zu bekunden, darf nur den gesetzlich vorgesehenen Einschränkungen unterworfen werden, die zum Schutz der öffentlichen Sicherheit, Ordnung, Gesundheit oder Sittlichkeit oder der Grundrechte und -freiheiten anderer erforderlich sind.

Artikel 15

Vereinigungs- und Versammlungsfreiheit

Recht auf Versammlungsfreiheit

(1) Die Vertragsstaaten erkennen das Recht des Kindes an, sich frei mit anderen zusammenzuschließen und sich friedlich zu versammeln.

(2) Die Ausübung dieses Rechts darf keinen anderen als den gesetzlich vorgesehenen Einschränkungen unterworfen werden, die in einer demokratischen Gesellschaft im Interesse der nationalen oder der öffentlichen Sicherheit, der öffentlichen Ordnung (ordre public), zum Schutz der Volksgesundheit oder der öffentlichen Sittlichkeit oder zum Schutz der Rechte und Freiheiten anderer notwendig sind.

Kinder haben das Recht, sich mit anderen Kindern oder Erwachsenen zusammenzuschließen und sich als Gruppe friedlich zu versammeln. Bei der Versammlung muss aber darauf geachtet werden, dass die Rechte und die Freiheiten anderer Personen nicht verletzt werden.

Friedlich versammeln, was bedeutet das denn? Ganz einfach: Hier geht es darum, dass auch Kinder das Recht haben, eine Demo zu organisieren oder auf eine Demo zu gehen. Wenn Kinder also etwas stört, können sie sich zusammen mit anderen Kindern – und, wenn sie wollen, auch Erwachsenen – zusammenschließen und demonstrieren gehen. Ein ganz bekanntes Beispiel ist „Fridays for Future", wo überall auf der Welt Kinder, Jugendliche und ein paar Erwachsene zusammen für Umweltschutz demonstrieren, und zwar immer freitags. Man kann aber auch zum Beispiel für die Einhaltung der Kinderrechte demonstrieren gehen!

Artikel 16

Recht auf Privatsphäre

Schutz der Privatsphäre und Ehre

Jedes Kind hat ein Recht auf Privatsphäre. Das gilt für sein Privatleben, seine Familie, seine Wohnung oder seine Briefe oder E-Mails oder auch sein Handy.

Dasselbe gilt auch für die Ehre des Kindes: Niemand darf über ein Kind Behauptungen verbreiten, die dem Kind schaden können.

Es muss Gesetze in jedem Land geben, die das Recht auf Privatsphäre und die Ehre von Kindern schützen.

(1) Kein Kind darf willkürlichen oder rechtswidrigen Eingriffen in sein Privatleben, seine Familie, seine Wohnung oder seinen Schriftverkehr oder rechtswidrigen Beeinträchtigungen seiner Ehre und seines Rufes ausgesetzt werden.

(2) Das Kind hat Anspruch auf rechtlichen Schutz gegen solche Eingriffe oder Beeinträchtigungen.

Manche Erwachsene sind extrem neugierig. Doch dürfen sie einfach herumschnüffeln oder dich kontrollieren? Nein! Heimlich Tagebücher oder Briefe lesen, das Handy ausspionieren und Chats oder Nachrichten lesen: Das alles ist tabu! Hier spielt das Recht auf Privatsphäre eine wichtige Rolle. Es ist völlig okay, ein paar Geheimnisse zu haben oder auch Orte, an denen du alleine sein möchtest. Erwachsene müssen nicht alles wissen. Wenn sie heimlich in privaten Sachen herumschnüffeln, kann das ganz schön der Beziehung schaden. Denn es geht hier um gegenseitigen Respekt und um Vertrauen. Besser wäre es, wenn Erwachsene einfach fragen, wenn sie etwas wissen wollen, und du entscheiden kannst, in welche Geheimnisse du sie einweihen möchtest.

Artikel 17

Zugang zu den Medien; Kinder- und Jugendschutz

Rechte und Schutz in den Medien für Kinder

Die Vertragsstaaten erkennen die wichtige Rolle der Massenmedien an und stellen sicher, dass das Kind Zugang hat zu Informationen und Material aus einer Vielfalt nationaler und internationaler Quellen, insbesondere derjenigen, welche die Förderung seines sozialen, seelischen und sittlichen Wohlergehens sowie seiner körperlichen und geistigen Gesundheit zum Ziel haben. Zu diesem Zweck werden die Vertragsstaaten

a) die Massenmedien ermutigen, Informationen und Material zu verbreiten, die für das Kind von sozialem und kulturellem Nutzen

Kinder haben ein Recht, Medien zu nutzen. Das Land muss sicherstellen, dass es besondere Medienangebote für Kinder gibt, denn für die Entwicklung von Kindern können Medien eine wichtige Rolle spielen. Die Länder sollen dafür international zusammenarbeiten. Sie sollen auch Kinder berücksichtigen, die einer Minderheit angehören, also zum Beispiel eine andere Sprache sprechen als die meisten in dem Land lebenden Menschen. Das Land muss Kinder aber auch vor Inhalten schützen, die ihnen Angst machen oder gefährlich sein können. Dafür sollen die Länder Gesetze und Regeln für die sichere Benutzung von Medien machen.

sind und dem Geist des Artikels 29 entsprechen;

b) die internationale Zusammenarbeit bei der Herstellung, beim Austausch und bei der Verbreitung dieser Informationen und dieses Materials aus einer Vielfalt nationaler und internationaler kultureller Quellen fördern;

c) die Herstellung und Verbreitung von Kinderbüchern fördern;

d) die Massenmedien ermutigen, den sprachlichen Bedürfnissen eines Kindes, das einer Minderheit angehört oder Ureinwohner ist, besonders Rechnung zu tragen;

e) die Erarbeitung geeigneter Richtlinien zum Schutz des Kindes vor Informationen und Material, die sein Wohlergehen beeinträchtigen, fördern, wobei die Artikel 13 und 18 zu berücksichtigen sind.

Es gibt viele Erwachsene, die nur den Kopf schütteln, wenn sie wieder einmal hören, wie wichtig für Kinder die Medien sind. Heute aber spielen gerade die digitalen Medien, wie das Smartphone, Tablet oder ganz allgemein das Internet wirklich eine große Rolle für Kinder! Und das ist überhaupt nicht schlecht, wie manche Erwachsene immer behaupten.

Gerade durch die digitalen Medien haben Kinder tolle Möglichkeiten, kreativ zu werden, sich mit Freundinnen und Freunden auf der ganzen Welt einfach auszutauschen, für Hausaufgaben zu recherchieren oder auch einfach mal abzuschalten und ein bisschen zu spielen. Im Internet gibt es aber nicht nur schöne Dinge zu sehen. Manchmal sieht man auch Sachen, die Angst machen können, wie Filme für Erwachsene oder auch Chats, wo niemand richtig aufpasst. Darum ist es so wichtig, dass es Medien gibt, die extra für Kinder entwickelt wurden und wo es nur Inhalte gibt, die für sie sind. Solche Medien können dann zum Beispiel auch helfen, aktuelle Nachrichten, die im Erwachsenen-Fernsehen super kompliziert klingen, auch zu verstehen. Schau zum Beispiel mal auf www.kindersache.de vorbei. Dort findest du immer aktuelle Nachrichten super erklärt.

Artikel 18

Verantwortung für die Kinder

Verantwortung für das Kindeswohl

Für die Erziehung und die Entwicklung eines Kindes sind in der Regel beide Elternteile zuständig. In Ausnahmefällen ist es manchmal eine Person, die von einem Gericht das Sorgerecht für das Kind erhält. Das Wichtigste bei der Erziehung ist, dass es dem Kind immer so gut wie möglich geht.

Die Eltern bekommen bei der Erziehung der Kinder Hilfe von den Ländern: Die Länder sind dafür verantwortlich, dass es alle Einrichtungen gibt, die ein Kind braucht, wie zum Beispiel Schulen oder Krankenstationen für Kinder.

Wenn die Eltern arbeiten gehen, hilft ihnen das Land auch, indem es Kindergärten oder Horte zur Verfügung stellt, in denen die Kinder in dieser Zeit betreut werden.

(1) Die Vertragsstaaten bemühen sich nach besten Kräften, die Anerkennung des Grundsatzes sicherzustellen, dass beide Elternteile gemeinsam für die Erziehung und Entwicklung des Kindes verantwortlich sind. Für die Erziehung und Entwicklung des Kindes sind in erster Linie die Eltern oder gegebenenfalls der Vormund verantwortlich. Dabei ist das Wohl des Kindes ihr Grundanliegen.

(2) Zur Gewährleistung und Förderung der in diesem Übereinkommen festgelegten Rechte unterstützen die Vertragsstaaten die Eltern und den Vormund in angemessener Weise bei der Erfüllung ihrer Aufgabe, das Kind zu erziehen, und sorgen für den Ausbau von Institutionen, Einrichtungen und Diensten für die Betreuung von Kindern.

(3) Die Vertragsstaaten treffen alle geeigneten Maßnahmen, um sicherzustellen, dass Kinder berufstätiger Eltern das Recht haben, die für sie in Betracht kommenden Kinderbetreuungsdienste und -einrichtungen zu nutzen.

Artikel 19

Recht auf ein Leben ohne Gewalt

(1) Die Vertragsstaaten treffen alle geeigneten Gesetzgebungs-, Verwaltungs-, Sozial- und Bildungsmaßnahmen, um das Kind vor jeder Form körperlicher oder geistiger Gewaltanwendung, Schadenszufügung oder Misshandlung, vor Verwahrlosung oder Vernachlässigung, vor schlechter Behandlung oder Ausbeutung einschließlich des sexuellen Missbrauchs zu schützen, solange es sich in der Obhut der Eltern oder eines Elternteils, eines Vormunds oder anderen gesetzlichen Vertreters oder einer anderen Person befindet, die das Kind betreut.

(2) Diverse Schutzmaßnahmen sollen je nach den Gegebenheiten wirksame Verfahren zur Aufstellung von Sozialprogrammen enthalten, die dem Kind und denen, die es betreuen, die erforderliche Unterstützung gewähren und andere Formen der Vorbeugung vorsehen sowie Maßnahmen zur Aufdeckung, Meldung, Weiterverweisung, Untersuchung, Behandlung und Nachbetreuung in den in Absatz 1 beschriebenen Fällen schlechter Behandlung von Kindern und gegebenenfalls für das Einschreiten der Gerichte.

Jedes Kind hat das Recht, vor jeder Form von Gewalt geschützt zu werden. Dafür sind die Länder verantwortlich. Es ist verboten, Kinder zu schlagen, zu misshandeln, zu vernachlässigen oder zu Dingen zu zwingen, die ihnen schaden. Sollte ein Kind Gewalt erfahren, müssen ausgebildete Erwachsene für das Kind da sein und dafür sorgen, dass das nicht wieder passiert und dass das Kind geschützt wird.

Es ist streng verboten, dass Kinder Gewalt erleben. Trotzdem kommt es leider manchmal vor. Es gibt Kinder, die zum Beispiel von ihren Eltern geschlagen werden, wenn sie mit schlechten Noten nach Hause kommen oder Schüler und Schülerinnen, die von einer Lehrkraft angeschrien werden. Und welche, die von älteren Kindern ihres Wohnortes bedroht oder erpresst werden.
Das alles ist NICHT in Ordnung! Wenn dir so etwas geschieht oder du siehst, dass andere Kinder Gewalt erfahren,

dann musst du unbedingt richtige Unterstützung holen. Lies auf Seite 78, wo du überall Hilfe in Notlagen findest!

Artikel 20

Von der Familie getrennt leben

Von der Familie getrennt lebende Kinder; Pflegefamilie; Adoption

Kinder, die nicht bei ihrer Familie leben können, haben das Recht auf besonderen Schutz und Hilfe vom Land. Das Land muss dafür sorgen, dass diese Kinder von anderen Erwachsenen betreut werden und zum Beispiel bei Adoptiveltern, in Pflegefamilien oder Betreuungseinrichtungen aufwachsen können.

Dabei sollte darauf geachtet werden, dass sich das Kind wohlfühlt und seine Herkunft, Sprache und Religion geachtet werden.

(1) Ein Kind, das vorübergehend oder dauernd aus seiner familiären Umgebung herausgelöst wird oder dem der Verbleib in dieser Umgebung im eigenen Interesse nicht gestattet werden kann, hat Anspruch auf den besonderen Schutz und Beistand des Staates.

(2) Die Vertragsstaaten stellen nach Maßgabe ihres innerstaatlichen Rechts andere Formen der Betreuung eines solchen Kindes sicher.

(3) Als andere Form der Betreuung kommt unter anderem die Aufnahme in eine Pflegefamilie, die Kafala nach islamischem Recht, die Adoption oder, falls erforderlich, die Unterbringung in einer geeigneten Kinderbetreuungseinrichtung in Betracht. Bei der Wahl zwischen diesen Lösungen sind die erwünschte Kontinuität in der Erziehung des Kindes sowie die ethnische, religiöse, kulturelle und sprachliche Herkunft des Kindes gebührend zu berücksichtigen.

Artikel 21

Wenn ein Kind adoptiert wird

Die Vertragsstaaten, die das System der Adoption anerkennen oder zulassen, gewährleisten, dass dem Wohl des Kindes bei der Adoption die höchste Bedeutung zugemessen wird; die Vertragsstaaten

a) stellen sicher, dass die Adoption eines Kindes nur durch die zuständigen Behörden bewilligt wird, die nach den anzuwendenden Rechtsvorschriften und Verfahren und auf der Grundlage aller verlässlichen einschlägigen Informationen entscheiden, dass die Adoption angesichts des Status des Kindes in Bezug auf Eltern, Verwandte und einen Vormund zulässig ist und dass, soweit dies erforderlich ist, die betroffenen Personen in Kenntnis der Sachlage und auf der Grundlage einer gegebenenfalls erforderlichen Beratung der Adoption zugestimmt haben;

b) erkennen an, dass die internationale Adoption als andere Form der Betreuung angesehen werden kann, wenn das Kind nicht in seinem Heimatland in einer Pflege- oder Adoptionsfamilie untergebracht oder wenn es dort nicht in geeigneter Weise betreut werden kann;

c) stellen sicher, dass das Kind im Fall einer internatio-

Bei einer Adoption eines Kindes ist es das Allerwichtigste, dass es dem Kind gut geht.

Die Länder müssen dafür sorgen, dass alle Rechte und alle wichtigen Vorschriften bei der Adoption eingehalten werden. Auch Erwachsene aus anderen Ländern dürfen Kinder adoptieren. Dabei ist es besonders wichtig, dass es Kindern in dem Land der neuen Eltern gut geht. Bei einer Adoption darf nicht viel Geld fließen, um zu verhindern, dass Kinder verkauft werden.

nalen Adoption in den Genuss der
für nationale Adoptionen geltenden Schutzvorschriften und Normen kommt;

d) treffen alle geeigneten Maßnahmen, um sicherzustellen, dass
bei internationaler Adoption für
die Beteiligten keine unstatt-
haften Vermögensvorteile ent-
stehen;

e) fördern die Ziele dieses Artikels gegebenenfalls durch den
Abschluss zwei- oder mehrseitiger Übereinkünfte und bemühen
sich in diesem Rahmen sicherzustellen, dass die Unterbringung
des Kindes in einem anderen Land
durch die zuständigen Behörden
oder Stellen durchgeführt wird.

Artikel 22

Schutz von geflüchteten Kindern

Flüchtlingskinder

Menschen verlassen ihre Heimat aus den unterschiedlichsten Gründen: Sie fliehen vor Krieg oder Verfolgung oder suchen Schutz vor den Folgen des Klimawandels und vor Naturkatastrophen. Viele Menschen, die ihr Herkunftsland

(1) Die Vertragsstaaten treffen
geeignete Maßnahmen, um sicherzustellen, dass ein Kind, das
die Rechtsstellung eines Flücht-
lings begehrt oder nach Maßgabe
der anzuwendenden Regeln und
Verfahren des Völkerrechts oder
des innerstaatlichen Rechts als
Flüchtling angesehen wird, angemessenen Schutz und humanitäre Hilfe bei der Wahrnehmung
der Rechte erhält, die in diesem

Übereinkommen oder in anderen internationalen Übereinkünften über Menschenrechte oder über humanitäre Fragen, denen die genannten Staaten als Vertragsparteien angehören, festgelegt sind, und zwar unabhängig davon, ob es sich in Begleitung seiner Eltern oder einer anderen Person befindet oder nicht.

(2) Zu diesem Zweck wirken die Vertragsstaaten in der ihnen angemessen erscheinenden Weise bei allen Bemühungen mit, welche die Vereinten Nationen und andere zuständige zwischenstaatliche oder nichtstaatliche Organisationen, die mit den Vereinten Nationen zusammenarbeiten, unternehmen, um ein solches Kind zu schützen, um ihm zu helfen und um die Eltern oder andere Familienangehörige eines Flüchtlingskinds ausfindig zu machen mit dem Ziel, die für eine Familienzusammenführung notwendigen Informationen zu erlangen. Können die Eltern oder andere Familienangehörige nicht ausfindig gemacht werden, so ist dem Kind im Einklang mit den in diesem Übereinkommen enthaltenen Grundsätzen derselbe Schutz zu gewähren wie jedem anderen Kind, das aus irgendeinem Grund dauernd oder vorübergehend aus seiner familiären Umgebung herausgelöst ist.

verlassen, erhoffen sich in einem anderen Land ein besseres Leben. Diese Menschen nennt man Geflüchtete oder auch Flüchtlinge. Kinder von Geflüchteten stehen unter einem besonderen Schutz. Das Land muss dafür sorgen, dass sie an einem sicheren Ort untergebracht werden und genug zu essen bekommen.

Es gibt Kinder, die ganz allein aus ihrer Heimat flüchten, ohne Eltern oder andere Erwachsene. Wenn ein Kind allein in ein fremdes Land kommt, muss es besonders geschützt werden. Alle Länder und andere Hilfsorganisationen helfen dabei mit, die Eltern oder die Familie des Kindes zu finden. Wenn jemand aus der Familie gefunden wurde, ist das Ziel, die Familie wieder zu vereinen. Werden keine Familienangehörigen gefunden, muss sich das Land um das Kind genauso gut kümmern wie um andere elternlose Kinder.

Wenn ein geflüchtetes Kind allein nach Deutschland kommt, muss sich Deutschland genauso gut um das Kind kümmern, als wäre es hier geboren. Das Jugendamt ist verantwortlich für das Kind und sucht einen Erwachsenen (Vormund), der das Kind bei wichtigen Entscheidungen unterstützt und sich auch sonst um das Kind kümmert. Außerdem wird eine geeignete Unterkunft für das Kind gesucht, entweder in einer Betreuungseinrichtung oder in einer Pflegefamilie.

Artikel 23

Kinder mit Behinderung

Förderung behinderter Kinder

Alle Kinder mit einer körperlichen oder geistigen Behinderung haben das Recht auf ein menschenwürdiges und erfülltes Leben. So wie alle anderen Kinder auch. Kinder mit Behinderung sollen dabei unterstützt werden, so selbstständig wie möglich leben zu können und Teil der Gemeinschaft zu sein. Kinder mit Behinderung haben das Recht auf Betreuung und Unter-

(1) Die Vertragsstaaten erkennen an, dass ein geistig oder körperlich behindertes Kind ein erfülltes und menschenwürdiges Leben unter Bedingungen führen soll, welche die Würde des Kindes wahren, seine Selbstständigkeit fördern und seine aktive Teilnahme am Leben der Gemeinschaft erleichtern.

(2) Die Vertragsstaaten erkennen das Recht des behinderten Kindes auf besondere Betreuung an und treten dafür ein und stellen sicher, dass dem behinderten Kind und den für seine Betreuung Verantwortlichen im Rahmen der ver-

fügbaren Mittel auf Antrag die Unterstützung zuteil wird, die dem Zustand des Kindes sowie den Lebensumständen der Eltern oder anderer Personen, die das Kind betreuen, angemessen ist.

(3) In Anerkennung der besonderen Bedürfnisse eines behinderten Kindes ist die nach Absatz 2 gewährte Unterstützung soweit irgend möglich und unter Berücksichtigung der finanziellen Mittel der Eltern oder anderer Personen, die das Kind betreuen, unentgeltlich zu leisten und so zu gestalten, dass sichergestellt ist, dass Erziehung, Ausbildung, Gesundheitsdienste, Rehabilitationsdienste, Vorbereitung auf das Berufsleben und Erholungsmöglichkeiten dem behinderten Kind tatsächlich in einer Weise zugänglich sind, die der möglichst vollständigen sozialen Integration und individuellen Entfaltung des Kindes einschließlich seiner kulturellen und geistigen Entwicklung förderlich ist.

stützung, damit sie sich so gut wie möglich entwickeln und entfalten können.

Die Länder arbeiten zusammen und tauschen Informationen und Wissen aus, damit Kinder mit Behinderung eine bessere Gesundheitsvorsorge und Betreuung bekommen.

(4) Die Vertragsstaaten fördern im Geist der internationalen Zusammenarbeit den Austausch sachdienlicher Informationen im Bereich der Gesundheitsvorsorge und der medizinischen, psychologischen und funktionellen Behandlung behinderter Kinder einschließlich der Verbreitung von Informationen über Methoden der Rehabilitation, der Erziehung und der Berufsausbildung und des Zugangs zu solchen Informationen, um es den Vertragsstaaten zu ermöglichen, in diesen Bereichen ihre Fähigkeiten und ihr Fachwissen zu verbessern und weitere Erfahrungen zu sammeln. Dabei sind die Bedürfnisse der Entwicklungsländer besonders zu berücksichtigen.

Artikel 24

Recht auf Gesundheit   Gesundheitsvorsorge

Jedes Kind hat das Recht, so gesund wie möglich zu sein. Es hat auch das Recht, wenn es krank ist, zum Arzt oder einer Ärztin zu gehen oder im Krankenhaus behandelt zu werden. Dafür müssen die Länder, die die UN-Kinderrechtskonvention unterschrieben

(1) Die Vertragsstaaten erkennen das Recht des Kindes auf das erreichbare Höchstmaß an Gesundheit an sowie auf Inanspruchnahme von Einrichtungen zur Behandlung von Krankheiten und zur Wiederherstellung der Gesundheit. Die Vertragsstaaten bemühen sich sicherzustellen, dass keinem Kind das Recht auf Zugang zu derartigen Gesundheitsdiensten vorenthalten wird.

(2) Die Vertragsstaaten bemühen sich, die volle Verwirklichung dieses Rechts sicherzustellen, und treffen insbesondere geeignete Maßnahmen, um

a) die Säuglings- und Kindersterblichkeit zu verringern;

b) sicherzustellen, dass alle Kinder die notwendige ärztliche Hilfe und Gesundheitsfürsorge erhalten, wobei besonderer Nachdruck auf den Ausbau der gesundheitlichen Grundversorgung gelegt wird;

c) Krankheiten sowie Unter- und Fehlernährung auch im Rahmen der gesundheitlichen Grundversorgung zu bekämpfen, unter anderem durch den Einsatz leicht zugänglicher Technik und durch die Bereitstellung ausreichender vollwertiger Nahrungsmittel und sauberen Trinkwassers, wobei die Gefahren und Risiken der Umweltverschmutzung zu berücksichtigen sind;

d) eine angemessene Gesundheitsfürsorge für Mütter vor und nach der Entbindung sicherzustellen;

e) sicherzustellen, dass allen Teilen der Gesellschaft, insbesondere Eltern und Kindern, Grundkenntnisse über die Gesundheit und Ernährung des Kindes, die Vorteile des Stillens, die Hygiene und die Sauberhaltung der Umwelt sowie die Unfallverhütung vermittelt werden, dass sie Zugang zu der entsprechenden Schulung haben und dass sie bei der Anwendung dieser Grundkenntnisse Unterstützung erhalten;

f) die Gesundheitsvorsorge, die Elternberatung sowie die Aufklärung und die Dienste auf dem Gebiet der Familienplanung auszubauen.

haben, sorgen. Hierbei sind ein paar Dinge besonders wichtig:

Bei Babys muss ganz besonders auf die Gesundheit geachtet werden.

Alle Kinder müssen ausreichend gesundes Essen und sauberes Trinkwasser haben, um gesund zu bleiben.

Um schwangere Frauen und um Mütter, die gerade ein Baby bekommen haben, muss sich besonders gekümmert werden.

Eltern, die ein Baby haben wollen oder bereits eines haben, haben das Recht auf eine gute Beratung.

Eltern und Kinder müssen darüber informiert werden, dass eine saubere Umwelt und sauberes Trinkwasser wichtig für das gesunde Leben von Menschen sind.

In manchen Ländern gibt es Traditionen oder Bräuche, wie Babys oder Kinder behandelt werden, die die Gesundheit der Kinder in Gefahr bringen können. Die Länder wollen sich darum kümmern, dass diese Traditionen abgeschafft werden. Dafür wollen sie international zusammenarbeiten.

(3) Die Vertragsstaaten treffen alle wirksamen und geeigneten Maßnahmen, um überlieferte Bräuche, die für die Gesundheit der Kinder schädlich sind, abzuschaffen.

(4) Die Vertragsstaaten verpflichten sich, die internationale Zusammenarbeit zu unterstützen und zu fördern, um fortschreitend die volle Verwirklichung des in diesem Artikel anerkannten Rechts zu erreichen. Dabei sind die Bedürfnisse der Entwicklungsländer besonders zu berücksichtigen.

Artikel 25

Recht auf Überprüfung der Unterbringung

Unterbringung

Es gibt Kinder, die wegen einer körperlichen oder geistigen Erkrankung oder zu ihrem Schutz nicht bei ihren Eltern, sondern zum Beispiel in einem Heim, einer Pflegefamilie oder einer Klinik leben. Sie haben das Recht, dass regelmäßig überprüft wird, ob es ihnen dort gut geht und diese Art der Unterbringung weiterhin sinnvoll und das Beste für das Kind ist.

Die Vertragsstaaten erkennen an, dass ein Kind, das von den zuständigen Behörden wegen einer körperlichen oder geistigen Erkrankung zur Betreuung, zum Schutz der Gesundheit oder zur Behandlung untergebracht worden ist, das Recht hat auf eine regelmäßige Überprüfung der dem Kind gewährten Behandlung sowie aller anderen Umstände, die für seine Unterbringung von Belang sind.

Artikel 26

Unterstützung vom Land

(1) Die Vertragsstaaten erkennen das Recht jedes Kindes auf Leistungen der sozialen Sicherheit einschließlich der Sozialversicherung an und treffen die erforderlichen Maßnahmen, um die volle Verwirklichung dieses Rechts in Übereinstimmung mit dem innerstaatlichen Recht sicherzustellen.

(2) Die Leistungen sollen gegebenenfalls unter Berücksichtigung der wirtschaftlichen Verhältnisse und der sonstigen Umstände des Kindes und der Unterhaltspflichtigen sowie anderer für die Beantragung von Leistungen durch das Kind oder im Namen des Kindes maßgeblicher Gesichtspunkte gewährt werden.

Jedes Kind hat das Recht, von seinem Land so unterstützt zu werden, dass es sich gut entwickeln kann und nicht in Armut aufwachsen muss. Wenn die Eltern arbeitslos sind oder die Familie nur wenig Geld verdient, müssen sie vom Land zusätzliche Unterstützung, also Geld zum Leben, bekommen.

Artikel 27

Recht, gut leben zu können

Jedes Kind hat ein Recht darauf, alles zu erhalten, was es braucht, um gut aufwachsen und sich entwickeln zu können. Die Länder sollen Eltern dabei unterstützen, auch mit Geld.

(1) Die Vertragsstaaten erkennen das Recht jedes Kindes auf einen seiner körperlichen, geistigen, seelischen, sittlichen und sozialen Entwicklung angemessenen Lebensstandard an.

(2) Es ist in erster Linie Aufgabe der Eltern oder anderer für das Kind verantwortlicher Personen, im Rahmen ihrer Fähigkeiten und finanziellen Möglichkeiten die für die Entwicklung des Kindes notwendigen Lebensbedingungen sicherzustellen.

(3) Die Vertragsstaaten treffen gemäß ihren innerstaatlichen Verhältnissen und im Rahmen ihrer Mittel geeignete Maßnahmen, um den Eltern und anderen für das Kind verantwortlichen Personen bei der Verwirklichung dieses Rechts zu helfen, und sehen bei Bedürftigkeit materielle Hilfs- und Unterstützungsprogramme insbesondere im Hinblick auf Ernährung, Bekleidung und Wohnung vor.

(4) Die Vertragsstaaten treffen alle geeigneten Maßnahmen, um die Geltendmachung von Unterhaltsansprüchen des Kindes gegenüber den Eltern oder anderen finanziell für das Kind verantwortlichen Personen sowohl innerhalb des Vertragsstaats als auch im Ausland sicherzustellen.

Insbesondere fördern die Vertragsstaaten, wenn die für das Kind finanziell verantwortliche Person in einem anderen Staat lebt als das Kind, den Beitritt zu internationalen Übereinkünften oder den Abschluss solcher Übereinkünfte sowie andere geeignete Regelungen.

Artikel 28

Recht auf Bildung; Schule; Berufsausbildung

Recht auf Bildung

(1) Die Vertragsstaaten erkennen das Recht des Kindes auf Bildung an; um die Verwirklichung dieses Rechts auf der Grundlage der Chancengleichheit fortschreitend zu erreichen, werden sie insbesondere

a) den Besuch der Grundschule für alle zur Pflicht und unentgeltlich machen;

b) die Entwicklung verschiedener Formen der weiterführenden Schulen allgemeinbildender und berufsbildender Art fördern, sie allen Kindern verfügbar und zugänglich machen und geeignete Maßnahmen wie die Einführung der Unentgeltlichkeit und die Bereitstellung finanzieller Unterstützung bei Bedürftigkeit treffen;

Alle Kinder haben ein Recht darauf zu lernen. Alle Kinder auf der Welt sollen mindestens die Grundschule besuchen. Die Grundschule soll kostenlos sein. Alle Länder entwickeln Möglichkeiten, dass Kinder auch danach noch kostenlos in die Schule gehen können und später einen Beruf erlernen können.

Die gute Ausbildung von Kindern ist ein wichtiges Ziel und soll in jedem Land gefördert werden. Die

Länder sollen sich gegenseitig unterstützen, die Bildung von Kindern auf allen Teilen der Erde zu verbessern. Ein großes Ziel dabei ist, dass alle Menschen auf der Welt lesen und schreiben können.

In Deutschland ist es relativ normal, dass Kinder zur Schule gehen. In einigen Ländern aber müssen Kinder schon sehr früh arbeiten gehen, um ihre Familie zu unterstützen. Sie haben keine Zeit für die Schule. Manchmal können sich Eltern die Schule auch nicht leisten, weil sie Schulgeld bezahlen müssen oder kein Geld für Schulbücher haben. In manchen Gegenden ist die Schule kilometerweit von den Kindern entfernt. Bildung ist aber ein wichtiges Kinderrecht. Kinder sollen in jedem Land gute Bildungschancen bekommen. Daher muss sich jedes Land darum kümmern, dass der Schulbesuch kostenlos ist und Schulen gut erreichbar sind.

c) allen entsprechend ihren Fähigkeiten den Zugang zu den Hochschulen mit allen geeigneten Mitteln ermöglichen;

d) Bildungs- und Berufsberatung allen Kindern verfügbar und zugänglich machen;

e) Maßnahmen treffen, die den regelmäßigen Schulbesuch fördern und den Anteil derjenigen, welche die Schule vorzeitig verlassen, verringern.

(2) Die Vertragsstaaten treffen alle geeigneten Maßnahmen, um sicherzustellen, dass die Disziplin in der Schule in einer Weise gewahrt wird, die der Menschenwürde des Kindes entspricht und im Einklang mit diesem Übereinkommen steht.

(3) Die Vertragsstaaten fördern die internationale Zusammenarbeit im Bildungswesen, insbesondere um zur Beseitigung von Unwissenheit und Analphabetentum in der Welt beizutragen und den Zugang zu wissenschaftlichen und technischen Kenntnissen und modernen Unterrichtsmethoden zu erleichtern. Dabei sind die Bedürfnisse der Entwicklungsländer besonders zu berücksichtigen.

Artikel 29

Das Ziel von Bildung

(1) Die Vertragsstaaten stimmen darin überein, dass die Bildung des Kindes darauf gerichtet sein muss,

a) die Persönlichkeit, die Begabung und die geistigen und körperlichen Fähigkeiten des Kindes voll zur Entfaltung zu bringen;

b) dem Kind Achtung vor den Menschenrechten und Grundfreiheiten und den in der Charta der Vereinten Nationen verankerten Grundsätzen zu vermitteln;

c) dem Kind Achtung vor seinen Eltern, seiner kulturellen Identität, seiner Sprache und seinen kulturellen Werten, den nationalen Werten des Landes, in dem es lebt, und gegebenenfalls des Landes, aus dem es stammt, sowie vor anderen Kulturen als der eigenen zu vermitteln;

d) das Kind auf ein verantwortungsbewusstes Leben in einer freien Gesellschaft im Geist der Verständigung, des Friedens, der Toleranz, der Gleichberechtigung der Geschlechter und der Freundschaft zwischen allen Völkern und ethnischen, nationalen und religiösen Gruppen sowie zu Ureinwohnern vorzubereiten;

e) dem Kind Achtung vor der natürlichen Umwelt zu vermitteln.

(2) Dieser Artikel und Artikel 28 dürfen nicht so ausgelegt

Wenn Kinder lernen, werden sie oft von Erwachsenen dabei unterstützt. Die Erwachsenen sollen dabei besonders auf ein paar Sachen achten:

Sie sollen darauf achten, dass die Kinder ihre Fähigkeiten, ihre Talente und ihre Interessen besonders gut verbessern können.

Sie sollen darauf achten, dass die Kinder ihre Rechte, nämlich die Kinderrechte und die Menschenrechte, kennenlernen.

Sie sollen darauf achten, dass die Kinder Respekt vor ihren Eltern, der Sprache und den Traditionen und Ritualen ihres Landes haben.

Sie sollen darauf achten, dass die Kinder lernen, ein friedliches Leben mit anderen Menschen zu führen, für andere zu sorgen und alle Menschen mit Respekt zu behandeln.

Sie sollen darauf achten, dass die Kinder wissen, wie wichtig es ist, die Natur und die Umwelt zu schützen.

werden, dass sie die Freiheit natürlicher oder juristischer Personen beeinträchtigen, Bildungseinrichtungen zu gründen und zu führen, sofern die in Absatz 1 festgelegten Grundsätze beachtet werden und die in solchen Einrichtungen vermittelte Bildung den von dem Staat gegebenenfalls festgelegten Mindestnormen entspricht.

Artikel 30

Recht auf Schutz als Minderheit

In Staaten, in denen es ethnische, religiöse oder sprachliche Minderheiten oder Ureinwohner gibt, darf einem Kind, das einer solchen Minderheit angehört oder Ureinwohner ist, nicht das Recht vorenthalten werden, in Gemeinschaft mit anderen Angehörigen seiner Gruppe seine eigene Kultur zu pflegen, sich zu seiner eigenen Religion zu bekennen und sie auszuüben oder seine eigene Sprache zu verwenden.

Wenn ein Kind einer Minderheit angehört, hat es das Recht, gemeinsam mit den anderen Menschen der Minderheit zu leben und die eigene Kultur zu behalten und zu leben. Minderheiten sind Gruppen von Menschen, die zum Beispiel eine seltene Religion oder Sprache haben oder die Ureinwohnerinnen und Ureinwohner eines Landes sind.

Artikel 31

Recht auf Spiel, Freizeit und Erholung

Beteiligung an Freizeit, kulturellem und künstlerischem Leben, staatliche Förderung

Jedes Kind hat das Recht, sich auszuruhen, zu spielen und freie Zeit zu haben. Außerdem hat jedes Kind das Recht, am Kulturleben teilzunehmen oder auch selbst Kunst zu machen. Die Möglichkeiten hierfür müssen die Länder schaffen, die den Vertrag über die Kinderrechte unterschrieben haben.

(1) Die Vertragsstaaten erkennen das Recht des Kindes auf Ruhe und Freizeit an, auf Spiel und altersgemäße aktive Erholung sowie auf freie Teilnahme am kulturellen und künstlerischen Leben.

(2) Die Vertragsstaaten achten und fördern das Recht des Kindes auf volle Beteiligung am kulturellen und künstlerischen Leben und fördern die Bereitstellung geeigneter und gleicher Möglichkeiten für die kulturelle und künstlerische Betätigung sowie für aktive Erholung und Freizeitbeschäftigung.

Kennst du das vielleicht auch von dir oder von Freundinnen und Freunden?: Die Schule geht von 8 bis 16 Uhr, danach geht es dann direkt weiter ab zum Fußballtraining oder zum Klavierunterricht, Schwimmen, Mama oder Papa helfen, einkaufen gehen, Malkurs oder oder oder … Abends sitzt man dann noch lange an den Hausaufgaben und dann muss man ja auch noch das Zimmer aufräumen, Tisch decken, im Haushalt helfen und und und.
Das ist einfach zu viel! Wie du im Artikel 31 gelesen hast, haben auch Kinder ein Recht auf Ruhe und Freizeit. Hast du das

Gefühl, das kommt bei dir und deinen Freundinnen und Freunden zu kurz? Dann fertigt zum Beispiel eine Übersicht über eure Woche an. Wann habt ihr wirklich mal freie Zeit nur für euch? Sprecht auch mit euren Eltern und Lehrerinnen und Lehrern darüber. Vielleicht findet ihr gemeinsam eine Lösung, wie euer Recht auf Erholung besser umgesetzt werden kann.

Artikel 32

Schutz vor wirtschaftlicher Ausbeutung

Schutz vor Ausbeutung und Kinderarbeit

(1) Die Vertragsstaaten erkennen das Recht des Kindes an, vor wirtschaftlicher Ausbeutung geschützt und nicht zu einer Arbeit herangezogen zu werden, die Gefahren mit sich bringen, die Erziehung des Kindes behindern oder die Gesundheit des Kindes oder seine körperliche, geistige, seelische, sittliche oder soziale Entwicklung schädigen könnte.

(2) Die Vertragsstaaten treffen Gesetzgebungs-, Verwaltungs-, Sozial- und Bildungsmaßnahmen, um die Durchführung dieses Artikels sicherzustellen. Zu diesem

Kinder haben ein Recht darauf, vor allen Arbeiten geschützt zu werden, die gefährlich oder schlecht für ihre Gesundheit oder Entwicklung sind.

Es muss Gesetze geben, die verhindern, dass Kinder ausgebeutet werden. Diese Gesetze müssen festlegen, ab welchem Alter, wie lange und was Kinder arbeiten dürfen. Wenn diese Regeln nicht beachtet werden, muss es eine Strafe geben.

In manchen Ländern sind die Menschen sehr arm. Manchmal so arm, dass sie nicht genug zu essen und zu trinken haben. Einige Familien schicken dann ihre Kinder auch arbeiten. Das Geld, was die Eltern verdienen, reicht sonst einfach nicht. Oft arbeiten diese Kinder schwer und unter schlechten Bedingungen. Sie arbeiten zum Beispiel in der Landwirtschaft, helfen bei der Ernte auf Feldern oder hüten Tiere. Dafür bekommen sie meistens nur ganz wenig Geld. Ihre Arbeitskraft wird also ausgenutzt.

In Deutschland gibt es auch sehr viele arme Kinder, man sagt, dass jedes fünfte Kind in Deutschland arm ist! Kinderarbeit ist aber in Deutschland nicht nur durch die Kinderrechte verboten, sondern auch durch besondere Gesetze. Dadurch können die Kinder in die Schule gehen.

Es gibt aber auch erlaubte Kinderarbeit. Viele Jungen und Mädchen möchten gerne selbst etwas verdienen. In Deutschland muss man mindestens 13 Jahre alt sein, um mit leichten Arbeiten sein Taschengeld aufzubessern. Dazu gehören zum Beispiel das Austragen von Zeitungen, Nachhilfe oder das Ausführen von Hunden.

Zweck und unter Berücksichtigung der einschlägigen Bestimmungen anderer internationaler Übereinkünfte werden die Vertragsstaaten insbesondere

a) ein oder mehrere Mindestalter für die Zulassung zur Arbeit festlegen;

b) eine angemessene Regelung der Arbeitszeit und der Arbeitsbedingungen vorsehen;

c) angemessene Strafen oder andere Sanktionen zur wirksamen Durchsetzung dieses Artikels vorsehen.

Artikel 33

Schutz vor Sucht-
stoffen

Schutz vor Drogen

Die Vertragsstaaten treffen alle geeigneten Maßnahmen einschließlich Gesetzgebungs-, Verwaltungs-, Sozial- und Bildungsmaßnahmen, um Kinder vor dem unerlaubten Gebrauch von Suchtstoffen und psychotropen Stoffen im Sinne der diesbezüglichen internationalen Übereinkünfte zu schützen und den Einsatz von Kindern bei der unerlaubten Herstellung dieser Stoffe und beim unerlaubten Verkehr mit diesen Stoffen zu verhindern.

Kinder haben das Recht, vor Drogen und Drogenhandel geschützt zu werden. Auch bei der Herstellung und dem Verkauf von Drogen dürfen Kinder niemals mitarbeiten.

Artikel 34

Schutz vor sexuellem Missbrauch

Schutz vor Missbrauch

Die Vertragsstaaten verpflichten sich, das Kind vor allen Formen sexueller Ausbeutung und sexuellen Missbrauchs zu schützen. Zu diesem Zweck treffen die Vertragsstaaten insbesondere alle geeigneten innerstaatlichen, zweiseitigen und mehrseitigen Maßnahmen, um zu verhindern, dass Kinder

Sex von Erwachsenen mit Kindern ist verboten. Kinder müssen davor geschützt werden, dass Erwachsene sie sexuell berühren und zu Sex überreden oder zwingen. Darum müssen alle Länder Sex

von Erwachsenen mit Kindern verbieten und bestrafen.

Unter sexuellem Missbrauch versteht man sexuelle Handlungen von Erwachsenen oder Jugendlichen mit Kindern. Kinder werden zum Beispiel überredet oder gezwungen, sexuelle Dinge zu machen. Es kann sein, dass ein Mann oder eine Frau will, dass ein Kind ihnen bei Sex zusieht oder die Geschlechtsteile berührt. Egal, warum die Erwachsenen das tun, es ist nie erlaubt.
Sexuelle Ausbeutung bedeutet, dass Erwachsene Kinder zu Sex mit fremden Menschen zwingen. Die Fremden bezahlen dafür Geld an den Erwachsenen. Das nennt man Prostitution und das ist bei Kindern verboten. Sexuelle Ausbeutung ist auch, wenn Kinder gezwungen werden, sich nackt fotografieren zu lassen oder Sexvideos machen müssen.

a) zur Beteiligung an rechtswidrigen sexuellen Handlungen verleitet oder gezwungen werden;

b) für die Prostitution oder andere rechtswidrige sexuelle Praktiken ausgebeutet werden;

c) für pornografische Darbietungen und Darstellungen ausgebeutet werden.

Artikel 35

Maßnahmen gegen Entführung und Kinderhandel

Schutz vor Entführung und Kinderhandel

Die Vertragsstaaten treffen alle geeigneten innerstaatlichen, zweiseitigen und mehrseitigen Maßnahmen, um die Entführung und den Verkauf von Kindern sowie den Handel mit Kindern zu irgendeinem Zweck und in irgendeiner Form zu verhindern.

Kinder müssen unbedingt vor Entführungen geschützt werden; niemand darf Kinder entführen. Außerdem müssen Kinder davor geschützt werden, dass sie verkauft werden oder mit ihnen gehandelt wird. Um das zu verhindern, müssen alle Länder zusammenarbeiten.

Artikel 36

Recht auf Schutz vor jeder Ausbeutung

Schutz vor sonstiger Ausbeutung

Alle Länder müssen das Kind auch vor jeder anderen Ausbeutung schützen. Sie müssen dafür sorgen, dass das Kind niemals ausgenutzt wird, damit es dem Kind immer gut geht.

Die Vertragsstaaten schützen das Kind vor allen sonstigen Formen der Ausbeutung, die das Wohl des Kindes in irgendeiner Weise beeinträchtigen.

Artikel 37

Schutz vor grausamer Behandlung und ungerechter Strafe

Verbot der Folter, der Todesstrafe, lebenslanger Freiheitsstrafe, Rechtsbeistandschaft

Die Länder müssen dafür sorgen, dass kein Kind zu Unrecht bestraft oder ins Gefängnis gesperrt wird. Kinder dürfen nicht zum Tode oder

Die Vertragsstaaten stellen sicher,

a) dass kein Kind der Folter oder einer anderen grausamen, unmenschlichen oder erniedrigenden Behandlung oder Strafe unterworfen wird. Für Straftaten, die von Personen vor Vollendung des achtzehnten Lebensjahrs begangen worden sind, darf weder die Todesstrafe noch lebenslange Freiheitsstrafe ohne die Möglichkeit vorzeitiger Entlassung verhängt werden;

zu lebenslanger Gefängnisstrafe verurteilt werden. Sie haben das Recht auf eine menschenwürdige Behandlung, auf eine Anwältin oder einen Anwalt sowie auf Kontakt zu ihrer Familie.

b) dass keinem Kind die Freiheit rechtswidrig oder willkürlich entzogen wird. Festnahme, Freiheitsentziehung oder Freiheitsstrafe darf bei einem Kind im Einklang mit dem Gesetz nur als letztes Mittel und für die kürzeste angemessene Zeit angewendet werden;

c) dass jedes Kind, dem die Freiheit entzogen ist, menschlich und mit Achtung vor der dem Menschen innewohnenden Würde und unter Berücksichtigung der Bedürfnisse von Personen seines Alters behandelt wird. Insbesondere ist jedes Kind, dem die Freiheit entzogen ist, von Erwachsenen zu trennen, sofern nicht ein anderes Vorgehen als dem Wohl des Kindes dienlich erachtet wird; jedes Kind hat das Recht, mit seiner Familie durch Briefwechsel und Besuche in Verbindung zu bleiben, sofern nicht außergewöhnliche Umstände vorliegen;

d) dass jedes Kind, dem die Freiheit entzogen ist, das Recht auf umgehenden Zugang zu einem rechtskundigen oder anderen geeigneten Beistand und das Recht hat, die Rechtmäßigkeit der Freiheitsentziehung bei einem Gericht oder einer anderen zuständigen, unabhängigen und unparteiischen Behörde anzufechten, sowie das Recht auf alsbaldige Entscheidung in einem solchen Verfahren.

Artikel 38

Schutz von Kindern im Krieg

Im Falle eines Krieges darf kein Kind unter 15 Jahren als Soldatin oder Soldat am Krieg teilnehmen. Ein Kind muss mindestens 15 Jahre alt sein, um von einem Land in die Armee eingezogen zu werden.

Die Länder müssen alles dafür tun, Kinder, die von Krieg betroffen sind, so gut wie möglich zu schützen und zu betreuen.

Die Kinderrechte sind für die Länder eine Regelung, die sie einhalten müssen. Es gibt aber auch Länder, die einige Kinderrechte nicht streng genug finden. Das Recht zum Schutz von Kindern im Krieg ist so eines: Die meisten Länder der Welt finden, dass Kinder mit 15 Jahren viel zu jung sind, um als Soldatinnen oder Soldaten in den Krieg zu gehen. In Deutschland gibt es wie in vielen anderen Ländern die Regel, dass man mindestens 18 Jahre sein muss, um Soldatin oder Soldat zu werden. Ob man das möchte, kann man selbst entscheiden.

(1) Die Vertragsstaaten verpflichten sich, die für sie verbindlichen Regeln des in bewaffneten Konflikten anwendbaren humanitären Völkerrechts, die für das Kind Bedeutung haben, zu beachten und für deren Beachtung zu sorgen.

(2) Die Vertragsstaaten treffen alle durchführbaren Maßnahmen, um sicherzustellen, dass Personen, die das fünfzehnte Lebensjahr noch nicht vollendet haben, nicht unmittelbar an Feindseligkeiten teilnehmen.

(3) Die Vertragsstaaten nehmen davon Abstand, Personen, die das fünfzehnte Lebensjahr noch nicht vollendet haben, zu ihren Streitkräften einzuziehen. Werden Personen zu den Streitkräften eingezogen, die zwar das fünfzehnte, nicht aber das achtzehnte Lebensjahr vollendet haben, so bemühen sich die Vertragsstaaten, vorrangig die jeweils ältesten einzuziehen.

(4) Im Einklang mit ihren Verpflichtungen nach dem humanitären Völkerrecht, die Zivilbevölkerung in bewaffneten Konflikten zu schützen, treffen die Vertragsstaaten alle durchführbaren Maßnahmen, um sicherzustellen, dass von einem bewaffneten Konflikt betroffene Kinder geschützt und betreut werden.

Artikel 39

**Genesung und Wieder-
eingliederung ge-
schädigter Kinder**

Recht auf Hilfe

Die Vertragsstaaten treffen alle
geeigneten Maßnahmen, um die
physische und psychische Genesung und die soziale Wiedereingliederung eines Kindes zu fördern, das Opfer irgendeiner Form
von Vernachlässigung, Ausbeutung
oder Misshandlung, der Folter
oder einer anderen Form grausamer, unmenschlicher oder ernied-
rigender Behandlung oder Strafe
oder aber bewaffneter Konflikte
geworden ist. Die Genesung und
Wiedereingliederung müssen in
einer Umgebung stattfinden, die
der Gesundheit, der Selbstach-
tung und der Würde des Kindes
förderlich ist.

Kinder haben das Recht, von ihrem Land alle Hilfen zu bekommen, die sie brauchen. Besonders dann, wenn ihnen etwas Schlimmes passiert ist. Wenn ein Kind von anderen Personen misshandelt, vernachlässigt oder ausgenutzt wurde oder bei einem Krieg dabei war, müssen die Länder alles dafür tun, dass es dem Kind wieder gut geht. Die Länder müssen dafür sorgen, dass das Kind wieder gesund wird und dass es wieder zur Schule gehen kann. Es soll sich in einer Umgebung erholen und aufwachsen, die dem Kind gut tut.

Artikel 40

Rechte von Kindern vor Gericht

Behandlung des Kindes in Strafrecht und Strafverfahren

Wenn Kinder verdächtigt werden, gegen das Gesetz verstoßen zu haben, dann haben sie auch bestimmte Rechte. Die einzelnen Länder legen eine Altersgrenze fest, ab wann Kinder vor Gericht gestellt und verurteilt werden können. Es muss sichergestellt werden, dass Kinder in einem Strafverfahren fair und altersgerecht behandelt werden. Beschuldigte Kinder müssen wissen, warum sie bestraft werden sollen. Die Eltern sollen auch informiert werden. Kinder haben das Recht auf einen Anwalt oder eine Anwältin. Sie dürfen zu nichts gezwungen werden. Wenn Kinder als schuldig verurteilt werden, dann soll die Strafe angemessen und nicht zu hart sein. Kindern soll dabei geholfen werden, wieder auf den richtigen Weg zu kommen und sich in Zukunft an das Gesetz zu halten.

(1) Die Vertragsstaaten erkennen das Recht jedes Kindes an, das der Verletzung der Strafgesetze verdächtigt, beschuldigt oder überführt wird, in einer Weise behandelt zu werden, die das Gefühl des Kindes für die eigene Würde und den eigenen Wert fördert, seine Achtung vor den Menschenrechten und Grundfreiheiten anderer stärkt und das Alter des Kindes sowie die Notwendigkeit berücksichtigt, seine soziale Wiedereingliederung sowie die Übernahme einer konstruktiven Rolle in der Gesellschaft durch das Kind zu fördern.

(2) Zu diesem Zweck stellen die Vertragsstaaten unter Berücksichtigung der einschlägigen Bestimmungen internationaler Übereinkünfte insbesondere sicher,

a) dass kein Kind wegen Handlungen oder Unterlassungen, die zur Zeit ihrer Begehung nach innerstaatlichem Recht oder Völkerrecht nicht verboten waren, der Verletzung der Strafgesetze verdächtigt, beschuldigt oder überführt wird;

b) dass jedes Kind, das einer Verletzung der Strafgesetze verdächtigt oder beschuldigt wird, Anspruch auf folgende Mindestgarantien hat:

I) bis zum gesetzlichen Nachweis der Schuld als unschuldig zu gelten,

II) unverzüglich und unmittelbar über die gegen das Kind erhobenen Beschuldigungen unterrichtet zu werden, gegebenenfalls durch seine Eltern oder seinen Vormund, und einen rechtskundigen oder anderen geeigneten Beistand zur Vorbereitung und Wahrnehmung seiner Verteidigung zu erhalten,

III) seine Sache unverzüglich durch eine zuständige Behörde oder ein zuständiges Gericht, die unabhängig und unparteiisch sind, in einem fairen Verfahren entsprechend dem Gesetz entscheiden zu lassen, und zwar in Anwesenheit eines rechtskundigen oder anderen geeigneten Beistands sowie, sofern dies nicht insbesondere in Anbetracht des Alters oder der Lage des Kindes als seinem Wohl widersprechend angesehen wird, in Anwesenheit seiner Eltern oder seines Vormunds,

IV) nicht gezwungen zu werden, als Zeuge auszusagen oder sich schuldig zu bekennen, sowie die Belastungszeugen zu befragen oder befragen zu lassen und das Erscheinen und die Vernehmung der Entlastungszeugen unter gleichen Bedingungen zu erwirken,

V) wenn es einer Verletzung der Strafgesetze überführt ist, diese Entscheidung und alle als Folge davon verhängten Maßnahmen durch eine zuständige übergeordnete Behörde oder ein zuständiges höheres Gericht, die unabhängig und unparteiisch sind, entsprechend dem Gesetz nachprüfen zu lassen,

VI) die unentgeltliche Hinzuziehung eines Dolmetschers zu verlangen, wenn das Kind die Verhandlungssprache nicht versteht oder spricht,

VII) sein Privatleben in allen Verfahrensabschnitten voll geachtet zu sehen.

(3) Die Vertragsstaaten bemühen sich, den Erlass von Gesetzen sowie die Schaffung von Verfahren, Behörden und Einrichtungen zu fördern, die besonders für Kinder, die einer Verletzung der Strafgesetze verdächtigt, beschuldigt oder überführt werden, gelten oder zuständig sind; insbesondere

a) legen sie ein Mindestalter fest, das ein Kind erreicht haben muss, um als strafmündig angesehen zu werden,

b) treffen sie, soweit dies angemessen und wünschenswert ist, Maßnahmen, um den Fall ohne ein gerichtliches Verfahren zu regeln, wobei jedoch die Menschenrechte und die Rechtsgarantien uneingeschränkt beachtet werden müssen.

(4) Um sicherzustellen, dass Kinder in einer Weise behandelt werden, die ihrem Wohl dienlich ist und ihren Umständen sowie der Straftat entspricht, muss eine Vielzahl von Vorkehrungen zur Verfügung stehen, wie Anordnungen über Betreuung, Anleitung und Aufsicht, wie Beratung, Entlassung auf Bewährung, Aufnahme in eine Pflegefamilie, Bildungs- und Berufsbildungsprogramme und andere Alternativen zur Heimerziehung.

Artikel 41

Schutz der vorhandenen Kinderrechte

Manchmal gibt es in den Ländern schon Rechte und Gesetze, die Kinder besonders gut schützen, stärken und berücksichtigen. Diese Rechte und Gesetze werden durch die UN-Kinderrechtskonvention nicht ungültig und gelten trotzdem zusätzlich.

Dieses Übereinkommen lässt zur Verwirklichung der Rechte des Kindes besser geeignete Bestimmungen unberührt, die enthalten sind

(1) im Recht eines Vertragsstaats oder

(2) in dem für diesen Staat geltenden Völkerrecht.

Teil II – Artikel 42 bis 45

Artikel 42

Verpflichtung zur Bekanntmachung

Die Kinderrechte bekannt machen

Die Vertragsstaaten verpflichten sich, die Grundsätze und Bestimmungen dieses Übereinkommens durch geeignete und wirksame Maßnahmen bei Erwachsenen und auch bei Kindern allgemein bekannt zu machen.

Die Kinderrechte sollen alle Erwachsenen und alle Kinder kennen. Dafür müssen die Länder sorgen.

Artikel 43

Einsatz einer Arbeitsgruppe für Kinderrechte

Einsetzung eines Ausschusses für die Rechte des Kindes

Es wird eine Gruppe von Erwachsenen bestimmt, die die Fortschritte zum Thema Kinderrechte in den Ländern überprüft. Diese Arbeitsgruppe, ein sogenannter Ausschuss, besteht aus zehn Personen, die sich gut mit den Kinderrechten auskennen. Der Ausschuss wird alle zwei Jahre auf dem Treffen aller Länder neu gewählt. Damit die Wahl gilt, muss der Großteil der Länder hieran teilnehmen. Die zehn vorgeschlagenen Personen, die die meisten Stimmen erhalten haben, kommen in die Arbeitsgruppe. Die Arbeitsgruppe trifft sich einmal pro Jahr und wird von den Vereinten Nationen für ihre Arbeit bezahlt.

(1) Zur Prüfung der Fortschritte, welche die Vertragsstaaten bei der Erfüllung der in diesem Übereinkommen eingegangenen Verpflichtungen gemacht haben, wird ein Ausschuss für die Rechte des Kindes eingesetzt, der die nachstehend festgelegten Aufgaben wahrnimmt.

(2) Der Ausschuss besteht aus zehn Sachverständigen von hohem sittlichen Ansehen und anerkannter Sachkenntnis auf dem von diesem Übereinkommen erfassten Gebiet. Die Mitglieder des Ausschusses werden von den Vertragsstaaten unter ihren Staatsangehörigen ausgewählt und sind in persönlicher Eigenschaft tätig, wobei auf eine gerechte geografische Verteilung zu achten ist sowie die hauptsächlichen Rechtssysteme zu berücksichtigen sind.

(3) Die Mitglieder des Ausschusses werden in geheimer Wahl aus einer Liste von Personen gewählt, die von den Vertragsstaaten vorgeschlagen worden sind. Jeder Vertragsstaat kann einen seiner eigenen Staatsangehörigen vorschlagen.

(4) Die Wahl des Ausschusses findet zum ersten Mal spätestens sechs Monate nach Inkrafttreten dieses Übereinkommens und danach alle zwei Jahre statt. Spätestens vier Monate vor jeder Wahl fordert der Generalsekretär der Vereinten Nationen die Vertragsstaaten schriftlich auf, ihre Vorschläge innerhalb von zwei Monaten einzureichen. Der Generalsekretär fertigt sodann eine alphabetische Liste aller auf diese Weise vorgeschlagenen Personen an unter Angabe der Vertragsstaaten, die sie vorgeschlagen haben, und übermittelt sie den Vertragsstaaten.

(5) Die Wahlen finden auf vom Generalsekretär am Sitz der Vereinten Nationen einberufenen Tagungen der Vertragsstaaten statt. Auf diesen Tagungen, die beschlussfähig sind, wenn zwei Drittel der Vertragsstaaten vertreten sind, gelten die Kandidaten als in den Ausschuss gewählt, welche die höchste Stimmenzahl und die absolute Stimmenmehrheit der anwesenden und abstimmenden Vertreter der Vertragsstaaten auf sich vereinigen.

(6) Die Ausschussmitglieder werden für vier Jahre gewählt. Auf erneuten Vorschlag können sie wieder gewählt werden. Die Amtszeit von fünf der bei der ersten Wahl gewählten Mitglieder läuft nach zwei Jahren ab; unmittelbar nach der ersten Wahl werden die Namen dieser fünf Mitglieder vom Vorsitzenden der Tagung durch das Los bestimmt.

(7) Wenn ein Ausschussmitglied stirbt oder zurücktritt oder erklärt, dass es aus anderen Gründen die Aufgaben des Ausschusses nicht mehr wahrnehmen kann, er-nennt der Vertragsstaat, der das Mitglied vorgeschlagen hat, für die verbleibende Amtszeit mit Zustimmung des Ausschusses einen anderen unter seinen Staatsangehörigen ausgewählten Sachverständigen.

(8) Der Ausschuss gibt sich eine Geschäftsordnung.

(9) Der Ausschuss wählt seinen Vorstand für zwei Jahre.

(10) Die Tagungen des Ausschusses finden in der Regel am Sitz der Vereinten Nationen oder an einem anderen vom Ausschuss bestimmten geeigneten Ort statt. Der Ausschuss tritt in der Regel einmal jährlich zusammen. Die Dauer der Ausschusstagungen wird auf einer Tagung der Vertragsstaaten mit Zustimmung der Generalversammlung festgelegt und wenn nötig geändert.

(11) Der Generalsekretär der Vereinten Nationen stellt dem Ausschuss das Personal und die Einrichtungen zur Verfügung, die dieser zur wirksamen Wahrnehmung seiner Aufgaben nach diesem Übereinkommen benötigt.

(12) Die Mitglieder des nach diesem Übereinkommen eingesetzten Ausschusses erhalten mit Zustimmung der Generalversammlung Bezüge aus Mitteln der Vereinten Nationen zu den von der Generalversammlung zu beschließenden Bedingungen.

Artikel 44

Bericht über die Umsetzung der Kinderrechte

Berichtspflicht

Die Länder müssen regelmäßig einen Bericht darüber schreiben, was sie alles gemacht haben, um die Kinderrechte in ihrem Land umzusetzen. In dem Bericht müssen sie erklären, was gut läuft, was besser geworden ist, aber auch, was in ihrem Land Probleme oder Schwierigkeiten macht.

Die Arbeitsgruppe der Vereinten Nationen liest die Berichte und prüft so, ob sich die Länder an die gemeinsame Vereinbarung über die Kinderrechte gehalten haben. Außerdem müssen die Länder auch die eigene Bevölkerung über die Ergebnisse des Berichts informieren.

Als Deutschland die Kinderrechtskonvention unterschrieben hat, war damit auch ein Versprechen verbunden: Regelmäßig

(1) Die Vertragsstaaten verpflichten sich, dem Ausschuss über den Generalsekretär der Vereinten Nationen Berichte über die Maßnahmen, die sie zur Verwirklichung der in diesem Übereinkommen anerkannten Rechte getroffen haben, und über die dabei erzielten Fortschritte vorzulegen, und zwar:

a) innerhalb von zwei Jahren nach Inkrafttreten des Übereinkommens für den betreffenden Vertragsstaat,

b) danach alle fünf Jahre.

(2) In den nach diesem Artikel erstatteten Berichten ist auf etwa bestehende Umstände und Schwierigkeiten hinzuweisen, welche die Vertragsstaaten daran hindern, die in diesem Übereinkommen vorgesehenen Verpflichtungen voll zu erfüllen. Die Berichte müssen auch ausreichende Angaben enthalten, die dem Ausschuss ein umfassendes Bild von der Durchführung des Übereinkommens in dem betreffenden Land vermitteln.

(3) Ein Vertragsstaat, der dem Ausschuss einen ersten umfassenden Bericht vorgelegt hat,

braucht in seinen nach Absatz 1 Buchstabe b vorgelegten späteren Berichten die früher mitgeteilten grundlegenden Angaben nicht zu wiederholen.

(4) Der Ausschuss kann die Vertragsstaaten um weitere Angaben über die Durchführung des Übereinkommens ersuchen.

(5) Der Ausschuss legt der Generalversammlung über den Wirtschafts- und Sozialrat alle zwei Jahre einen Tätigkeitsbericht vor.

(6) Die Vertragsstaaten sorgen für eine weite Verbreitung ihrer Berichte im eigenen Land.

wird die Bundesregierung einen Bericht darüber schreiben, wie die Kinderrechte in Deutschland umgesetzt wurden, welche Fortschritte es gab, aber auch welche Schwierigkeiten. Das ist der sogenannte Staatenbericht – ein Bericht der Länder. Dies müssen auch andere Länder tun, die die Kinderrechtskonvention unterschrieben haben. Dieser Staatenbericht wird bei den Vereinten Nationen im „Ausschuss für die Rechte des Kindes" von Fachleuten überprüft. Dabei wird auch berücksichtigt, was Organisationen berichten, die nicht zur Regierung gehören. Das sind sogenannte Nichtregierungsorganisationen (abgekürzt: NGO). Außerdem werden Informationen der Medien und der Wissenschaft ausgewertet. Vertreterinnen und Vertreter der Regierung müssen den Bericht im „Ausschuss für die Rechte des Kindes" erläutern und Fragen beantworten. Die Sitzung ist öffentlich. Alle, die mögen, dürfen zugucken. Danach gibt der Ausschuss eine Stellungnahme ab. Diese nennt man „Abschließende Bemerkungen". Darin ist zu lesen, wo bei den Kinderrechten Fortschritte erreicht wurden und wo noch Lücken sind. Außerdem stehen dort auch die Vorschläge des Ausschusses, wie Kinderrechte noch besser umgesetzt werden können. Diese Erklärung zum Staatenbericht stammt aus einem Heft: Es gibt für den Staatenbericht von Deutschland aus dem Jahr 2019 nämlich auch eine Version für Kinder. Dieses Heft kann man auch im Internet lesen: www.dkhw.de/staatenbericht

Artikel 45

Die Arbeit der Vereinten Nationen

Mitwirkung anderer Organe der Vereinten Nationen

Die Kinderrechte sollen in wirklich allen Ländern umgesetzt werden und die Länder sollen dabei gut zusammenarbeiten. Damit das gelingt, arbeitet der Ausschuss, die Arbeitsgruppe für die Kinderrechte (Artikel 43), mit vielen anderen Fachleuten zusammen. Die Fachleute kommen von Sonderorganisationen und beraten den Ausschuss. Der Ausschuss soll den Bericht aus Artikel 44 lesen. Dann soll der Ausschuss die Meinung der Fachleute anhören. Am Ende kann er dann den Ländern Empfehlungen geben, wie sie die Kinderrechte besser umsetzen können.

Um die wirksame Durchführung dieses Übereinkommens und die internationale Zusammenarbeit auf dem von dem Übereinkommen erfassten Gebiet zu fördern,

(1) haben die Sonderorganisationen, das Kinderhilfswerk der Vereinten Nationen und andere Organe der Vereinten Nationen das Recht, bei der Erörterung der Durchführung derjenigen Bestimmungen des Übereinkommens vertreten zu sein, die in ihren Aufgabenbereich fallen. Der Ausschuss kann, wenn er dies für angebracht hält, die Sonder-Organisationen, das Kinderhilfswerk der Vereinten Nationen und andere zuständige Stellen einladen, sachkundige Stellungnahmen zur Durchführung des Übereinkommens auf Gebieten abzugeben, die in ihren jeweiligen Aufgabenbereich fallen. Der Ausschuss kann die Sonderorganisationen, das Kinderhilfswerk der Vereinten Nationen und andere Organe der Vereinten Nationen einladen, ihm Berichte über die Durchführung des Übereinkommens auf Gebieten vorzulegen, die in ihren Tätigkeitsbereich fallen;

(2) übermittelt der Ausschuss, wenn er dies für angebracht hält, den Sonderorganisationen, dem Kinderhilfswerk der Vereinten Nationen und anderen zustän-

digen Stellen Berichte der Vertragsstaaten, die ein Ersuchen
um fachliche Beratung oder Unterstützung oder einen Hinweis
enthalten, dass ein diesbezüg-
liches Bedürfnis besteht; etwa-
ige Bemerkungen und Vorschläge
des Ausschusses zu diesen Ersuchen oder Hinweisen werden bei-
gefügt;

(3) kann der Ausschuss der Generalversammlung empfehlen, den
Generalsekretär zu ersuchen,
für den Ausschuss Untersuchungen
über Fragen im Zusammenhang mit
den Rechten des Kindes durchzu-
führen;

(4) kann der Ausschuss aufgrund
der Angaben, die er nach den Artikeln 44 und 45 erhalten hat,
Vorschläge und allgemeine Empfehlungen unterbreiten. Diese
Vorschläge und allgemeinen Empfehlungen werden den betroffenen
Vertragsstaaten übermittelt und
der Generalversammlung zusammen mit etwaigen Bemerkungen der
Vertragsstaaten vorgelegt.

Teil III – Artikel 46 bis 54

Artikel 46

Unterzeichnung

Unterzeichnung

Die UN-Kinderrechtskonvention kann von allen Ländern unterschrieben werden.

Dieses Übereinkommen liegt für alle Staaten zur Unterzeichnung auf.

Artikel 47

Unterschriften

Ratifikation

Die Kinderrechtskonvention muss von dem Staatsoberhaupt jedes Landes unterschrieben werden. Alle unterschriebenen Dokumente werden von den Vereinten Nationen aufbewahrt.

Dieses Übereinkommen bedarf der Ratifikation. Die Ratifikationsurkunden werden beim Generalsekretär der Vereinten Nationen hinterlegt.

Artikel 48

Beitritt

Mitmachen

Dieses Übereinkommen steht allen Staaten zum Beitritt offen. Die Beitrittsurkunden werden beim Generalsekretär der Vereinten Nationen hinterlegt.

Jedes Land auf der Welt darf die Kinderrechte unterschreiben und damit sagen, dass sie auch in diesem Land gelten. Eine Urkunde dafür wird bei den Vereinten Nationen aufbewahrt.

Artikel 49

Inkrafttreten

Inkrafttreten

Damit das Übereinkommen über die Kinderrechte weltweit wirksam ist, müssen mindestens 20 Länder mitmachen. Wenn es 20 Länder sind, dauert es noch 30 Tage, bis die Kinderrechte gelten. Wenn ein neues Land danach dazu kommt, dauert es ebenfalls 30 Tage, bis die Kinderrechte in dem Land dann auch gelten.

(1) Dieses Übereinkommen tritt am dreißigsten Tag nach Hinterlegung der zwanzigsten Ratifikations- und Beitrittsurkunde beim Generalsekretär der Vereinten Nationen in Kraft.

(2) Für jeden Staat, der nach Hinterlegung der zwanzigsten Ratifikations- und Beitrittsurkunde dieses Übereinkommen ratifiziert oder ihm beitritt, tritt es am dreißigsten Tag nach Hinterlegung seiner eigenen Ratifikations- oder Beitrittsurkunde in Kraft.

Artikel 50

Änderungen der Kinderrechte

Änderungen

Jedes Land, das die Kinderrechte unterschrieben hat, darf Änderungen der Kinderrechte vorschlagen. Wenn ein Drittel aller anderen

(1) Jeder Vertragsstaat kann eine Änderung vorschlagen und sie beim Generalsekretär der Vereinten Nationen einreichen. Der Generalsekretär übermittelt sodann den Änderungsvorschlag

den Vertragsstaaten mit der Aufforderung, ihm mitzuteilen, ob sie eine Konferenz der Vertragsstaaten zur Beratung und Abstimmung über den Vorschlag befürworten. Befürwortet innerhalb von vier Monaten nach dem Datum der Übermittlung wenigstens ein Drittel der Vertragsstaaten eine solche Konferenz, so beruft der Generalsekretär die Konferenz unter der Schirmherrschaft der Vereinten Nationen ein. Jede Änderung, die von der Mehrheit der auf der Konferenz anwesenden und abstimmenden Vertragsstaaten angenommen wird, wird der Generalversammlung zur Billigung vorgelegt.

(2) Eine nach Absatz 1 angenommene Änderung tritt in Kraft, wenn sie von der Generalversammlung der Vereinten Nationen gebilligt und von einer Zweidrittelmehrheit der Vertragsstaaten angenommen worden ist.

(3) Tritt eine Änderung in Kraft, so ist sie für die Vertragsstaaten, die sie angenommen haben, verbindlich, während für die anderen Vertragsstaaten weiterhin die Bestimmungen dieses Übereinkommens und alle früher von ihnen angenommenen Änderungen gelten.

Länder (also jedes dritte Land) den Vorschlag gut findet, wird mit allen Ländern abgestimmt.

Dem Vorschlag müssen in der Abstimmung dann zwei Drittel aller Länder zustimmen, das ist mehr als die Hälfte aller Länder. Dann ist die Änderung gültig, aber nur in den Ländern, die dafür gestimmt haben.

Artikel 51

Vorbehalte

Vorbehalte

Wenn ein Land das Übereinkommen der Rechte des Kindes unterschrieben hat, aber einzelne Rechte nicht gut findet und sie nicht umsetzen will, muss das Land das den Vereinten Nationen sagen. Die Vereinten Nationen erzählen das dann allen anderen Ländern.

(1) Der Generalsekretär der Vereinten Nationen nimmt den Wortlaut von Vorbehalten, die ein Staat bei der Ratifikation oder beim Beitritt anbringt, entgegen und leitet ihn allen Staaten zu.

(2) Vorbehalte, die mit Ziel und Zweck dieses Übereinkommens unvereinbar sind, sind nicht zulässig.

(3) Vorbehalte können jederzeit durch eine an den Generalsekretär der Vereinten Nationen gerichtete diesbezügliche Notifikation zurückgenommen werden; dieser setzt alle Staaten davon in Kenntnis. Die Notifikation wird mit dem Tag ihres Eingangs beim Generalsekretär wirksam.

Artikel 52

Kündigung

Kündigung

Ein Vertragsstaat kann dieses Übereinkommen durch eine an den Generalsekretär der Vereinten Nationen gerichtete schriftliche Notifikation kündigen. Die Kündigung wird ein Jahr nach Eingang der Notifikation beim Generalsekretär wirksam.

Der Beitritt zu den Kinderrechten kann von einem Land auch wieder gekündigt werden. Dazu muss das Land die Kündigung an die Vereinten Nationen übergeben. Ein Jahr nach der Kündigung gilt diese dann und die Kinderrechte gelten in dem Land nicht mehr.

Artikel 53

Verwahrung

Aufbewahrung der Kinderrechte

Der Generalsekretär der Vereinten Nationen wird zum Verwahrer dieses Übereinkommens bestimmt.

Die Kinderrechtskonvention wird von dem Vorsitzenden oder der Vorsitzenden der Vereinten Nationen aufbewahrt.

Artikel 54

Originaltext der Kinderrechte

Urschrift, verbindlicher Wortlaut

Den Originaltext der Kinderrechte gibt es in vielen Sprachen: Arabisch, Chinesisch, Englisch, Französisch, Russisch und Spanisch. In jeder Sprache sind die Kinderrechte gültig und werden darum in all diesen Sprachen bei den Vereinten Nationen aufgehoben. Damit man erkennt, dass das die Originalrechte sind und sie in allen Sprachen gleichberechtigt gelten, haben die Staaten sie einzeln unterschrieben.

Die Urschrift dieses Übereinkommens, dessen arabischer, chinesischer, englischer, französischer, russischer und spanischer Wortlaut gleichermaßen verbindlich ist, wird beim Generalsekretär der Vereinten Nationen hinterlegt.

Zu Urkund dessen haben die unterzeichneten, von ihren Regierungen hierzu gehörig befugten Bevollmächtigten dieses Übereinkommen unterschrieben.

Was macht man bei Verletzungen von Kinderrechten?

Alle Kinder haben Rechte. Für Kinder in Deutschland gelten alle Rechte, die auch für Erwachsene gelten, zum Beispiel das Grundgesetz, das Bürgerliche Gesetzbuch oder auch die Menschenrechte.

Und dann gelten noch die Kinderrechte, die ganz speziell nur für Kinder gemacht sind. Die Erwachsenen sind dafür verantwortlich, dass die Rechte auch eingehalten werden.

Was macht man aber, wenn man merkt, dass die Kinderrechte nicht eingehalten werden oder dass man ungerecht behandelt wird? Es gibt eine Menge Menschen und Organisationen, die dafür da sind, in schwierigen Situationen zu beraten und zu helfen.

Hierhin kannst du dich wenden/Hier findest du Unterstützung
Du wurdest ungerecht behandelt, benachteiligt, hast Sorgen oder gar Angst? Dir geht es nicht gut und du weißt nicht weiter? Dann ist es wichtig, dass du etwas dagegen unternimmst und dir Hilfe holst.

Beratung und Unterstützung findest du zum Beispiel hier:

Bei persönlichen Problemen, Nöten oder Sorgen

Nummer gegen Kummer
Hier kannst du entweder anrufen (übers Festnetz: 16 111 – übers Handy: 0800 111 0 333) oder dich per E-Mail melden (Infos unter: www.nummergegenkummer.de). Die erfahrenen Beraterinnen und Berater stehen dir bei deinen Problemen zur Seite und versuchen, gemeinsam mit dir Lösungen zu finden. Alles, was du ihnen erzählst, bleibt vertraulich.

Jugendnotmail

Als Jugendliche bzw. Jugendlicher kannst du dich in schwierigen Situationen und mit Problemen auch hierhin wenden (Infos unter: www.jugendnotmail.de). Die Online-Beratung ist vertraulich und kostenlos.

Vertrauenslehrerinnen und Vertrauenslehrer, Schulsozialarbeiterinnen und Schulsozialarbeiter

In fast allen Schulen gibt es entweder Lehrkräfte oder Schulsozialarbeiterinnen und Schulsozialarbeiter, an die du dich mit Sorgen, Problemen und Beschwerden wenden kannst. Sollte es solche Personen an deiner Schule nicht geben, dann kannst du dich genauso der Schulleitung oder deiner Lieblingslehrerin bzw. deinem Lieblingslehrer anvertrauen.

Zur Mitgestaltung in Stadt und Kommune

Kinder- und Jugendbüros

In vielen Städten gibt es Kinder- und Jugendbüros. Hier kannst du dich hinwenden, wenn du dich in deiner Kommune mehr einbringen und mitbestimmen willst. Zum Beispiel, wenn es um die Gestaltung von Spielplätzen oder Jugendfreizeitangeboten geht.

Kinderbeauftragte

In größeren Städten gibt es manchmal Personen, die sich speziell um die Belange von Kindern und Jugendlichen in der Stadt oder sogar dem ganzen Bundesland kümmern. Meist bieten sie regelmäßig Sprechstunden an. Hier kannst du dich zum Beispiel über Dinge beschweren, die dich nerven, oder Vorschläge dazu einbringen, was man für Kinder und Jugendliche in deiner Stadt verbessern kann.

Bei Kinderrechtsverletzungen durch den Staat

Individualbeschwerde

Seit Ende 2011 besteht für Kinder die Möglichkeit, sich direkt beim UN-Ausschuss für die Rechte des Kindes zu beschweren. Werden deine Kinderrechte in Deutschland verletzt, dann kannst du dort ganz offiziell eine sogenannte „Individualbeschwerde" einreichen. Wichtig ist allerdings, dass vorher alle anderen rechtlichen Möglichkeiten, dagegen vorzugehen, innerhalb Deutschlands genutzt wurden.